Los cristianos entienden que Dios creó a los seres humanos como hombres y mujeres, para su gloria y para nuestro bien. Las diferencias entre los sexos no son cuestiones de accidente evolutivo, sino que son indicaciones claras del diseño sublime y perfecto de Dios para la felicidad humana. Sin embargo, en nuestra época, las señales culturales confusas han llevado a muchos niños y jóvenes a ser inseguros y a desconocer su masculinidad y su propio papel en el hogar y en la sociedad. Este nuevo y valiente libro de Mike Fabarez es una guía fiel para los padres que quieren criar a sus hijos pequeños, a fin de que se conviertan en verdaderos hombres. Lleno de sabiduría informada por las Escrituras, este es un mensaje que los padres y los niños pequeños necesitan escuchar. Dios permita que seamos fieles mientras tratamos de guiar a nuestros hijos para que se conviertan en verdaderos hombres cristianos.

R. ALBERT MOHLER JR.
Presidente del Seminario Teológico Bautista del Sur

Cría hombres, no niños es una mirada increíblemente brillante sobre detalles específicos para niños de todas las edades, y el libro más completo sobre la crianza de los niños varones que haya leído. Si tu hijo es pequeño, léelo ahora. Si es mayor, léelo ahora. Lee las secciones en voz alta para que él se entienda a sí mismo y por qué tomas determinadas decisiones. Subraya las secciones, dobla las esquinas de las páginas y recuerda volver a leerlas una y otra vez cuando tus hijos experimenten más de la vida. Claro que las madres deberían leerlo. ¡Las diferencias entre niños y niñas son muy reales! Los papás también deberían leerlo, por supuesto. Tus hijos se convertirán en hombres motivados a fin de vivir para Dios y equipados para glorificarlo si solo lees, crees y pones en práctica las verdades del capítulo 2. La explicación de Mike Fabarez de los elementos del evangelio y lo que es relevante para el bienestar y el crecimiento espiritual es lo mejor que he leído. Este capítulo vale todo el precio del libro. Sin embargo, léelo completo. Te alegrarás de haberlo hecho.

KATHY KOCH
Fundadora y presidenta de *Celebrate Kids, Inc.*
Autora de *8 Great Smarts* y *Screens and Teens*

En este maravilloso manual, el veterano pastor y experimentado padre Mike Fabarez ofrece un análisis profundo de varios elementos que cada padre cristiano de hijos varones debe considerar al criar a esos niños para que se conviertan en los hombres que Dios quiere que sean. El pastor Fabarez examina con detenimiento este tema e incluye muchas reflexiones valiosas, cruciales y reveladoras sobre los aspectos que los padres cristianos responsables deberían implementar. Déjame ponerlo con sencillez: ¿Crías hijos? ¡Consigue este libro! Estarás muy agradecido de haberlo hecho.

BRUCE A. WARE
Profesor de Teología Cristiana en el Seminario Teológico Bautista del Sur; autor de *Big Truths for Young Hearts*

Puedes decir mucho sobre un hombre por los hijos que cría. Los hijos de Fabarez cuentan una categórica historia sobre un padre intencional. La transformación de niños en hombres no sucede por accidente. Este carácter se produce debido al cuidado y la dirección de un padre devoto. Ahora, otros tienen la oportunidad de aprender de él en *Cría hombres, no niños*. Lee este libro y únete a las filas de los padres intencionales.

DAN DUMAS
Supervisor del Sistema de Adopción y Acogimiento Familiar del Estado de Kentucky y coautor de *A Guide to Biblical Manhood*

Como padre que trato de convertir a mi hijo en un hombre, estoy agradecido por este útil recurso de Mike Fabarez. Aborda problemas difíciles con equilibrio y precisión, mientras proyecta a menudo una visión de cómo es la crianza piadosa de los hijos. Todos los padres de hijos varones necesitan leer este libro.

THOMAS WHITE
Presidente de la Universidad de Cedarville

Nunca consideraríamos construir una casa sin una serie de planos. Sin embargo, todos los días, muchos de nosotros edificamos familias sin un plano, una visión de lo que estamos trabajando. Este libro es tu modelo para la próxima generación de hombres. Léelo, sumérgete en la verdad y guía a tu hijo de manera intencional.

JILL SAVAGE
Autora de *¡Los hijos no tienen que ser perfectos!* y *No More Perfect Marriages*

Sin dudas, has escuchado las historias de chicos adolescentes que se escapan de la clase para jugar videojuegos, o viven con mamá y papá como adultos. ¿Por qué no hay más niños que maduran con éxito en hombres? Este libro te ayudará a criar a tu hijo de forma intencional y bíblica, con esperanza y un plan de acción.

ARLENE PELLICANE
Conferenciante y autora de *Parents Rising* y *Growing Up Social*

Los niños varones serán niños varones, pero en algún momento deben convertirse en hombres, hombres piadosos. En este libro, Mike Fabarez ofrece un conjunto de principios y patrones bíblicos que ayudarán a los padres de hoy a formar una generación de hombres jóvenes que adopten su masculinidad, el llamado dado por Dios y la necesidad de seguir al hombre Jesucristo. Lee este libro, y oro para que Dios lo use a fin de ayudarte a criar un Peter, no un Peter Pan.

PHILIP DE COURCY
Pastor de *Kindred Community Church*
Profesor en el programa de radio diario *Know the Truth*

Criar hijos para que sean hombres fuertes y piadosos es un trabajo duro. Mike Fabarez explica por qué esta tarea es esencial y cómo hacerla bien para la gloria de Dios. Padres, ¡lean este libro!

H.B. CHARLES JR.
Shiloh Metropolitan Baptist Church

CRÍA HOMBRES, NO NIÑOS

Publicado por
Unilit
Medley, FL 33166

© 2018 Unilit
Primera edición 2018 (*Spanish translation*)

© 2017 por *Mike Fabarez*
Título del original en inglés: *Raising Men, Not Boys*
Publicado por *Moody Publishers*
(*This book was first published in the United States by Moody Publishers, 820 N. LaSalle Blvd.,
Chicago, IL 60610 with the title* Raising Men, Not Boys, *copyright © 2017 by Mike Fabarez.
Translated by permission. All rights reserved.*)

Traducción: *Rebeca Fernández*
Diseño de la cubierta: *Evangela BeSharp Creative LLC*
Diseño del interior: *Ragont Design*
Foto del autor: *Luke Melrose*

A menos que se indique lo contrario, las citas bíblicas se tomaron de *La Biblia de las Américas*®.
Copyright © 1986, 1995, 1997 por The Lockman Foundation. Usadas con permiso. www.
lbla.org.
Las citas bíblicas seguidas de NVI® son tomadas de la Santa Biblia, Nueva Versión Internacional
®. NVI®
Propiedad literaria © 1999 por Bíblica, Inc.™
Usado con permiso. Reservados todos los derechos mundialmente.
Las citas bíblicas señaladas con DHH se tomaron de *La Biblia de Estudio: Dios Habla Hoy*,
edición electrónica, Sociedades Bíblicas Unidas, Miami, 1998.
El texto bíblico señalado con RVC ha sido tomado de la Versión Reina Valera Contemporánea™
© Sociedades Bíblicas Unidas, 2009, 2011. Antigua versión de Casiodoro de Reina (1569),
revisada por Cipriano de Valera (1602). Otras revisiones: 1862, 1909, 1960 y 1995. Utilizada
con permiso.

El énfasis en las citas bíblicas lo añadió el autor.

Todas las páginas web mencionadas aquí son exactas en el momento de la publicación, pero
pueden cambiar en el futuro o dejar de existir. La inclusión de referencias y recursos de las
páginas web no implica reconocimiento alguno de la editorial respecto al contenido total de
las mismas.

Categoría: Relaciones / Crianza de los hijos
Category: Relationships / Child-rearing

Producto: 495896
ISBN: 0-7899-2407-2 / 978-0-7899-2407-0

Impreso en Colombia
Printed in Colombia

CRÍA HOMBRES, NO NIÑOS

GUÍA A TUS HIJOS PARA QUE SEAN HOMBRES DE DIOS

MIKE FABAREZ

Unilit

CRIA

CONTENIDO

HOMBRES

Entonces, ¿qué me dices de...?

RESPUESTAS A PREGUNTAS DESAFIANTES

PRÓLOGO

La crianza de los hijos hoy en día... ¡qué desafío! Criar niños varones que sean valientes hombres piadosos que guiarán bien y mantendrán el tipo de valores y perspectivas sobre la vida que se necesita con urgencia en nuestro mundo actual puede parecer una tarea desalentadora y abrumadora.

Habiendo experimentado de primera mano la destrucción y el dolor que la falta de una crianza amorosa y coherente, así como del liderazgo paterno puede causar en la vida de un niño pequeño, estoy agradecido de poder decir que invertir y criar con sumo cuidado a la próxima generación puede marcar la diferencia en el mundo. La aplicación de las verdades que se encuentran en la Palabra de Dios a la tarea de ser padres nos traerá la esperanza y el aliento que necesitamos para evitar las trampas inherentes a las filosofías y valores de nuestro pecaminoso mundo caído.

En *Cría hombres, no niños*, Mike Fabarez no solo aborda importantes principios fundamentales y objetivos para criar niños varones para que crezcan y se transformen en jóvenes ecuánimes y respetables, sino que también proporciona consejos prácticos para ayudar a los padres a pensar cómo podrían lograr estos fines. Nos alienta a hacer las preguntas adecuadas y a establecer prioridades al visualizar el futuro de nuestros niños como hombres. Descubrimos cómo las disciplinas habituales y las rutinas prácticas, como asegurarnos de que nuestros hijos pequeños «suden» todos los días, duerman lo suficiente, lleven a cabo sus deberes escolares y tareas domésticas, así como que aprendan a manejar el dinero, amen, sirvan a los demás y valoren e interactúen como es debido con las mujeres que Dios pone en sus vidas, los prepararán para causar el mayor impacto posible para Cristo.

El pastor Mike usa ilustraciones y ejemplos de su propia experiencia de vida de criar a dos niños que ahora son jóvenes. Te estimulará y desafiará a no tirar la toalla, sino a preparar con diligencia a tus hijos pequeños para hacerle frente al mundo. No, no hay garantías, pero nosotros, como cristianos, tenemos el llamado a aplicar con fidelidad los principios y prioridades que se encuentran en la Palabra de Dios a la tarea de criar a los hijos, mientras trabajamos en oración para criar hombres, no niños.

JOSH McDOWELL
Autor de *Papás comprometidos* y
Habla claro con tus hijos sobre el sexo

ALGO DISTINTO POR COMPLETO

Tal parece que fue ayer cuando ajustaba con dificultad el cinturón del asiento para bebés que acabábamos de comprar, tratando de acomodar a nuestro recién nacido varón en el auto que permaneció estacionado durante algún tiempo en la zona de carga del hospital local. Dos días antes mi esposa, Carlynn, batalló a lo largo de treinta y tres horas de parto, al parecer interminables, para traer a nuestro primogénito a este mundo.

Durante diez años esperamos y oramos por este niño. Luego de incontables meses de decepciones y de todo el dolor cíclico de la infertilidad, Dios por fin nos bendijo con el primero de los que serían dos niños Fabarez, los mismos que nos sentimos tentados a creer que nunca vendrían.

Nuestro pequeño e inmóvil Matthew estaba bien asegurado con las correas y nos disponíamos a comenzar el corto viaje de cinco kilómetros para llegar a casa. Me di cuenta de que conducía con más precaución de la que tuve en mi examen de conducción cuando tenía dieciséis años, haciendo paradas completas y conscientes en todas las señales de pare y revisando tres veces mis puntos ciegos cada vez que cambiaba de senda. Después de algunos minutos, llegamos a nuestro pequeño apartamento.

Mi esposa estaba, como es comprensible, exhausta. Mientras entraba en la casa con dificultad, yo cargué con valentía al pequeño Matthew hasta la sala. No estaba muy seguro de dónde ponerlo y decidí dejarlo boca arriba en el sofá. Carlynn se acomodó en una silla y yo me alejé despacio de nuestro bebé dormido de tres kilos y tomé una foto mental que de seguro nunca olvidaré. Había silencio en la casa, a mi esposa se le cerraban los ojos, Matthew tenía uno de sus pequeños brazos extendido y el otro doblado al lado de la cabeza. Rompí el silencio con una pregunta muy suave, pero sincera: «¿Ahora qué?».

Todo cambió. Por supuesto que leímos libros y tomamos notas mientras observábamos a nuestros amigos criar a sus hijos, pero traer uno a nuestra casa era algo distinto por completo. Nos habíamos propuesto hacer las cosas de la forma adecuada. Deseábamos agradar a Dios como padres y, como pastor de una iglesia en crecimiento, ya había predicado más de una serie de sermones sobre pasajes clave de la Biblia que tratan el tema de la crianza de los hijos. Sin embargo, ahora era nuestro turno.

Nuestros hijos ahora son adultos y ya no viven en casa, pues se marcharon a la universidad. El hermano de Matthew, John, llegó tan solo dieciocho meses después de su hermano mayor, y completó la energía y la testosterona en nuestro hogar durante años. Aprendimos algo acerca de lo diferentes que pueden ser los hijos varones cuando Dios nos bendijo con su pequeña hermana, Stephanie. Ha sido una alegría y un desafío querer criar a dos hombres para la gloria de Dios. Mi deseo es que este libro te sea útil a medida que intentas hacer lo mismo.

EL DESAFÍO MODERNO

Es probable que criar hombres para la gloria de Dios sea mucho más difícil para nuestra generación de lo que fuera para muchas generaciones pasadas. Piensa en la confusión moral que está presente en cualquier debate sobre el género en la actualidad, en particular cuando se habla de los hombres. Si tenemos en cuenta que la propia definición de género se cuestiona en todos los niveles de la sociedad, no es de extrañar que la tarea de definir las metas al criar un hijo varón parezca abrumadora. Si consideramos que nuestra cultura ni siquiera puede ponerse de acuerdo sobre lo que significa ser hombre, vamos a necesitar una gran dosis de valentía para permanecer fieles a las definiciones divinas que encontramos en la Palabra de Dios.

Los comentaristas sociales modernos han llegado a tal punto que tratan de persuadir a nuestra generación para hacerle creer que no existe «un tipo de cuerpo que puede definirse con exactitud como "cuerpo de hombre"»[1]. No solo se supone que nuestros hijos se identifiquen a sí mismos, en lo que a género se refiere, de cualquier cantidad de formas como decidan hacerlo, porque según dicen es «una elección y no un hecho referirse a algunos cuerpos como masculinos y a otros cuerpos como femeninos»[2]. Si vamos a creer en la élite cultural, ya no podremos separar a nuestros niños y niñas de acuerdo a su género y no nos atreveremos a criarlos según una serie de definiciones obsoletas de la masculinidad y la feminidad, incluso si consideramos las pistas que ofrece la objetividad de la biología.

Aun así, por supuesto, nuestras definiciones de niño y niña, hombre y mujer, no están fuera de moda; son eternas. La biología tiene un significado, y su significado nos lo explica nuestro Creador. Los intentos del mundo por redefinir a nuestros hijos y enseñarnos que los caprichos y deseos de una persona están por encima del diseño de Dios probarán al final que son inútiles. Sí, se necesitará valor para actuar por la verdad de Dios como padres, pero no hay otra opción para quienes conocemos al verdadero Dios viviente. Cristo es el Señor. Para nosotros no hay otro camino. Debido a todos sus esfuerzos para avergonzarnos por estar en el «lado equivocado de la historia», el verdadero seguidor de Cristo reconoce que los que viven su vida en sumisión a la verdad revelada de Dios son, en realidad, los únicos que estarán en el lado *adecuado* de la historia.

EL LEGISLADOR

El mundo puede tener opiniones, pero para los que entienden la realidad del Dios Creador que se ha revelado a sí mismo, solo existe un legislador (Isaías 33:22; Santiago 4:12). Debido a que Dios existe y reveló con claridad su voluntad con respecto al hombre y la mujer, la crianza de los hijos y la piedad, solo hay una voz que de veras importa en medio de todo el ruido de las ideas de nuestra sociedad. Y aunque la sociedad actual quiera catalogar todas las declaraciones absolutas contrarias a sus encuestas de opinión como detestables e intolerantes, lo más amoroso que podemos hacer los cristianos es confesar, reiterar y vivir los diseños y las instrucciones que especificó Dios.

En realidad, las instrucciones de Dios siempre se han cuestionado y criticado, no porque sean inferiores o «no resulten», sino porque existe una batalla espiritual que se ha librado desde que Dios le dio a la primera familia el primer mandamiento. Acuérdate cómo Satanás susurró de inmediato: «¿Conque Dios os ha dicho..?» al tratarse del plan «A» de Dios para los seres humanos (Génesis 3:1). Si recién empiezas a formar una familia, o si tienes hijos varones adolescentes que están a merced de las energías y las opiniones, recuerda la verdad de las Escrituras acerca de ellos (y de nosotros): hay y siempre habrá un «espíritu que ahora opera en los hijos de desobediencia», uno que fluye en el presente «según la corriente de este mundo» (Efesios 2:2-3). En otras palabras, debemos esperar que el mundo impulse un plan opuesto y rebelde con respecto a casi todo lo que de veras es bueno, justo y provechoso. Jesús nos dijo que Satanás es el padre de la mentira (Juan 8:44) y parece que está trabajando horas extra, lanzando sus alternativas engañosas y destructivas ante los planes que Dios estableció con claridad para criar a los varones y guiarlos a fin de que se conviertan en hombres.

LAS INSTRUCCIONES FIDEDIGNAS DE DIOS

Sin disculparme por eso, a lo largo de este libro llevaré tu atención a las verdades eternas de la Palabra de Dios. Desearía que los que deciden leer un libro para padres cristianos ya entendieran ese concepto, pero en nuestros días puede que esta no siempre sea una suposición acertada. Así que al menos permíteme decirte en pocas palabras que la Biblia no es el mejor pensamiento del hombre acerca de Dios, sino más bien, y hay amplia evidencia, que la Biblia es en realidad el pensamiento de Dios en el papel. No solo el impacto continuo y la influencia de la Biblia han sido notables, sino que el hecho de que contiene una gran cantidad de predecibles y específicas declaraciones proféticas que se han hecho realidad nos muestra que este no es un libro que los hombres escribieron por sí mismos. Dios es el único que conoce y puede declarar «el fin desde el principio» (Isaías 46:9-10). Dios llenó su Libro con tantas profecías exactas, del tipo que no se puede encontrar en ningún otro libro religioso, que debemos estar convencidos de que su firma está en toda la Biblia.

Sin duda alguna, cuando Dios firma un documento que está lleno de definiciones prácticas, instrucciones y mandamientos, seríamos tontos si igualáramos la Biblia con cualquier otra «autoridad». Dios ha hablado y su Palabra debe tener un lugar exclusivo y preeminente en nuestra búsqueda para entender lo que es justo, bueno y verdadero. Así que vayamos con confianza a la Palabra de Dios en busca de una guía para criar a nuestros hijos y ayudarlos a convertirse en los hombres para lo que les diseñó Dios.

LA COMUNIDAD QUE FORMA HOMBRES

Aunque las voces feministas y socialistas de nuestra generación se han apropiado del proverbio africano de: «Se necesita una aldea para criar un niño», este reconocimiento se aplica en primer lugar a los padres: necesitamos más de lo que se encuentra dentro de las cuatro paredes de nuestra casa para criar a nuestros hijos. Como madres y padres necesitamos confesar de inmediato esa verdad. Nuestros hijos, en especial nuestros hijos varones, necesitan una comunidad con los mismos valores que los alimente y anime. Eso, por supuesto, es lo que la iglesia debe proporcionarnos como cristianos.

La participación activa en una iglesia local es un componente esencial para ver a nuestros hijos convertirse en hombres piadosos. Resulta arrogante, o al menos poco realista, pensar que los modelos a imitar y el discipulado cristiano que necesitan nuestros hijos solo lo encuentran en su relación con mamá y papá. Me siento muy agradecido de que desde pequeños mis hijos se incorporaran y relacionaran con los cristianos de nuestra iglesia. Esto cultivó sus vidas de una manera que no habría sido posible solo dentro de la familia inmediata ni siquiera la extendida. Dios puede emplear en tu iglesia el hierro que con hierro se afila (lee Proverbios 27:17). Si no tienes una iglesia, o si tus estándares son tan altos que no puedes conectarte con ninguna, es hora de que eso cambie. Necesitas la iglesia. Tus hijos necesitan la iglesia. Busca una que esté comprometida con la enseñanza de la Palabra de Dios y acércate a esa comunidad de la iglesia. Involúcrate, y reconoce que la formación de tus hijos dependerá en parte de una comunidad de cristianos con quienes se conectan, sirven y adoren. Muchos de los principios expuestos en este libro se enfocarán en el hogar y en tu participación directa como padre, pero recuerda que todo lo que se analice será en el contexto de una mayor participación en tu iglesia local.

«SENTIDO COMÚN ESPIRITUAL» (NO TÉCNICAS OBLIGATORIAS)

A lo largo de los años de predicación, consejería y sesiones de preguntas y respuestas sobre el tema de la crianza de los hijos, he reunido el contenido más valioso de lo que llamo «sentido común espiritual» para criar a nuestros hijos. Esto describe un tipo de enseñanza de los principios de la Palabra de Dios que se extiende a los *aspectos prácticos* de cómo esas verdades eternas se implementan en nuestras decisiones diarias sobre nuestros hijos. El objetivo de los siguientes capítulos es llevar estos principios a ese lugar. No porque esa sea la forma en que todos los cristianos deban hacerlo, sino porque a veces la sabiduría que se sugiere para los escenarios de la vida real que enfrentamos como padres puede convertirse en una clase de consejo bíblico útil e instructivo.

Como veo los abusos de muchos métodos de la crianza basados en fórmulas y técnicas, tengo cuidado de evitar lo de «esta es la única forma piadosa» de aplicar los principios bíblicos. Aun así, trataré de explicar con ejemplos prácticos las aplicaciones que sugerimos y que nos hemos dado cuenta de que son provechosas. No obstante, intentaré incluir un número adecuado de ejemplos para que recuerdes de vez en cuando que existe una diferencia entre una aplicación *absoluta* de la Palabra de Dios y una *posible* aplicación de la Palabra de Dios.

Por ejemplo, si consideramos la exhortación del apóstol Pablo al joven Timoteo, el pastor de la iglesia en Éfeso, que se encuentra en 2 Timoteo 2:15 (o sea: «Procura con diligencia presentarte a Dios aprobado, como obrero [...] que maneja con precisión la palabra de verdad»), alguien podría con absoluta autoridad bíblica exigir que los pastores jóvenes consideren el estudio de la Palabra de Dios como una prioridad. Por otra parte, aunque no se encuentra explícito en la Biblia, un consejero sabio con años de experiencia en el estudio y la predicación de la Palabra de Dios podría proveer el «sentido común espiritual» de que, para demostrar con eficiencia que alguien es un estudiante fervoroso de las Escrituras, esa persona no debe dejar la preparación de un sermón para la noche antes de la predicación. La primera exhortación es una aplicación absoluta de la Palabra de Dios, mientras que la otra, a pesar de no tener todo el peso de la autoridad bíblica, es una posible aplicación y con toda seguridad es una directriz útil y provechosa para los pastores jóvenes.

Espero que la mezcla de aplicaciones *absolutas* y *posibles* de los principios bíblicos relacionados con la crianza de los hombres jóvenes presentados en este libro sea provechosa en la labor de educar a tus hijos.

VISUALIZA CADA DÍA EL FUTURO HOMBRE

Me han dicho que en Seattle, Washington, un lugar muy vanguardista y progresista de nuestra cultura occidental, el número de personas que tienen perros es cuatro veces mayor que el que tiene hijos. Como afirma el demógrafo Jonathan Last en su libro titulado de manera ingeniosa: *What to Expect When No One's Expecting* [Qué esperar cuando nadie espera nada], la preferencia moderna de tener perros ha impactado tanto las ciudades de Estados Unidos y Asia que las escuelas se están sustituyendo por guarderías y áreas de juego con parques para perros. Al mismo tiempo, la cantidad de dinero que las parejas emplean con generosidad en sus mascotas supera con creces la inversión monetaria de nuestros padres en nosotros[1].

El problema con la explosión que se ha producido en nuestra cultura con respecto al deseo de tener perros es que las personas que todavía se atreven a tener hijos humanos a menudo adoptan, sin darse cuenta, una mentalidad de que «los hijos son mascotas». Eso puede parecer ofensivo, pero piénsalo: la decisión de tener hijos a menudo se toma como una especie para mejorar la vida, producir placer e inducir a la satisfacción. Sin siquiera expresar sus motivaciones, muchas veces las parejas deciden tener hijos porque creen que «un bebé nos hará *felices*», «los hijos nos *completarán*», o solo porque «siempre *quisimos* tener hijos».

Claro, a veces criar hijos les traerá felicidad y satisfacción a los padres, pero cuando nuestras razones para tener un bebé no pueden distinguirse de las razones por las que podemos elegir una mascota en el refugio de animales, nos perdemos por completo las intenciones de Dios de que se multiplique el género humano.

EL PLAN Y LA BENDICIÓN PARA LOS HIJOS

La primera pareja recibió un llamado fundamental en las conocidas palabras de: «Sean fructíferos y multiplíquense» (Génesis 1:28, NVI®), y se repitió varias veces[2]. Con la loable (y rara) excepción de renunciar al matrimonio y a la familia en favor del avance del reino, en el espíritu del mismo Jesucristo (Mateo 19:12), lo normal es criar hijos para producir la sociedad de la siguiente generación. A menos que confirmes que eres «soltero para el reino», la expectativa bíblica es el pacto del matrimonio y el compromiso subsiguiente de criar hijos para el cumplimiento del plan global de Dios y la gloria eterna de Cristo.

Entonces, la perspectiva adecuada es que tu pequeñito no se te confió para traerte gozo, satisfacción ni para darte felicidad, aunque mi oración es que sea así. Su asignación temporal a tu familia es prepararlo para que ocupe su lugar en este mundo como un trofeo de la gracia de Dios, y como un promotor de los valores y las prioridades de Dios en la próxima generación.

Las Escrituras nos dicen que la gloria de los hijos son sus padres (Proverbios 17:6). Un reajuste sencillo, pero profundo, de nuestra forma de pensar con respecto a la paternidad hace que analogías como la que se encuentra en el Salmo 127 cobren vida. Dios ilustra el papel de una madre y de un padre de la siguiente forma: «He aquí, don del SEÑOR son los hijos; y recompensa es el fruto del vientre. Como flechas en la mano del guerrero, así son los hijos tenidos en la juventud.

Bienaventurado el hombre que de ellos tiene llena su aljaba» (Salmo 127:3-5a).

¡En la economía de Dios se considera una bendición ser un arquero espiritual de tu generación y tener la aljaba que llevas en el hombro llena de hijos con los que apuntas y lanzas hacia una nueva generación! Qué perspectiva tan vívida y *rara* del papel de un padre. Tu hijo está durante algún tiempo en tu casa, bajo tu cuidado y cerca de tu influencia, con el objetivo de que lo apuntes y lo lances con energía y con cuidado hacia el futuro a fin de que haga un impacto estratégico para los buenos propósitos del Señor.

¿Te das cuenta de qué manera esta perspectiva puede transformar tu perspectiva desde el mismo principio? Demasiadas voces de padres modernos comienzan a temblar cuando imaginan a su pequeño creciendo. Se lamentan de que un día se irá de la casa y hará su propia vida. Contemplan la llegada de su madurez como una clase de acontecimiento desafortunado, en vez de verla como el objetivo de haberlo tenido ante todo: la meta gratificante de lanzar estas flechas hacia el mundo en el que Dios planeó que impactaran.

De modo que, desde el principio mantén esta verdad clara en tu mente y en tu corazón. Según el diseño de Dios, ese pequeño que traes a casa del hospital entrará dentro de muy pocos años a su mundo como un joven que marcará la diferencia para Cristo. Tu trabajo es permitir que viva esa realidad. Tu meta no puede ser «quedarte con él tanto tiempo como sea posible». Tu esperanza debe ser verlo convertirse en un adulto independiente, maduro y funcional. Dios ha dejado muy clara su intención.

MARCHARSE, AFERRARSE Y MARCHARSE

Luego de describir el primer matrimonio oficiado por Dios en el huerto del Edén, Moisés añadió un comentario inspirado que se ajusta a todos nosotros, diciéndonos que la relación matrimonial debe ser permanente, mientras que la relación de padres es temporal. Cierto, tú y tu esposa siempre serán sus padres y él puede beneficiarse de sus consejos, si los pide. Sin embargo, una vez que se case, terminaron sus responsabilidades como padres.

Según el diseño de Dios, lo cierto es que los padres se dirigen hacia un «divorcio» completo de sus hijos, mientras que se supone que permanezcan unidos en su matrimonio hasta que «la muerte los separe». ¡Nuestra sociedad tiene esto completamente al revés!

Lee estas palabras fundamentales de nuevo: «Por tanto el hombre dejará a su padre y a su madre y se unirá a su mujer, y serán una sola carne» (Génesis 2:24).

Estas son palabras fuertes en el idioma hebreo original, tanto las que se usan para explicar que dejamos a nuestros padres como las que explican que nos fundimos con nuestro cónyuge en un solo ser. Difícilmente podría decirse de una manera más enfática. El matrimonio es un vínculo entre un hombre y una mujer con una fidelidad relacional tan profunda que Cristo afirmó que lo que Dios ha unido, el hombre no debe separarlo (Mateo 19:6). Entonces, al igual que a nosotros los adultos se nos encargó en este diseño divino que nos separáramos de forma clara y completa de la dependencia y la confianza que tuvimos con nuestros padres durante la infancia una vez que entramos a la adultez y al matrimonio, también nuestros hijos harán lo mismo cuando lleguen a esa edad. Cada uno de nosotros dejó la posición temporal de los hogares de nuestra infancia para unirse en lo que será un vínculo permanente, y debemos anticipar y esperar que nuestros hijos hagan lo mismo.

Cuán a menudo nuestro mundo caído lo ha puesto patas arriba, mientras los padres intentan explicarles su divorcio a los niños, diciendo: «Aunque mamá y papá ya no estarán casados, tú, Johnny, siempre serás *mi pequeñito*». Esto quizá sea tan común en estos días que parece que es lo adecuado decir cuando un matrimonio «se deshace».

Sin embargo, considera la verdad que se le debería recalcar a Johnny, algo así como: «Tu madre siempre será mi esposa, y ya tú no serás mi pequeñito, sino que serás un hombre con su propia esposa y familia». Cuando mi esposa y yo revelamos que esta fue la idea que siempre les transmitimos a nuestros hijos desde sus primeros años, muchos de nuestros amigos se quedaron horrorizados, pensando que bromeábamos. Y cuando se dieron cuenta de que no lo estábamos, sospecharon que tales palabras debieron haberles transmitido alguna clase de inseguridad a nuestros hijos. Nada más lejos de la verdad. Nuestros hijos, como el resto de los niños, se fortalecieron con la seguridad de saber que su mamá y su papá están comprometidos el uno con el otro en las buenas y en las malas. Tus hijos se desarrollarán, madurarán y crecerán cuando sepan que la expectativa de mamá y papá es que se conviertan en líderes independientes y productivos en la iglesia, la sociedad y en sus propias familias.

EL DISEÑO DE DIOS PARA LOS HOMBRES ADULTOS

No necesitamos crear en nuestra imaginación la idea de un líder independiente y productivo, ni la tenemos que sacar de algún personaje de una película o novela. Dios describió cómo debe ser un hombre en el primer capítulo de la Biblia. Piensa en las palabras de Génesis 1, las cuales nos permiten *echar un vistazo al diseño según el que nos creó Dios.*

> Dijo [Dios]: Hagamos al hombre a nuestra imagen, conforme a nuestra semejanza; y ejerza dominio sobre los peces del mar, sobre las aves del cielo, sobre los ganados, sobre toda la tierra, y sobre todo reptil que se arrastra sobre la tierra. Creó, pues, Dios al hombre a imagen suya, a imagen de Dios lo creó; varón y hembra los creó. Y los bendijo Dios y les dijo: Sed fecundos y multiplicaos, y llenad la tierra y sojuzgadla; ejerced dominio sobre los peces del mar, sobre las aves del cielo y sobre todo ser viviente que se mueve sobre la tierra. (Génesis 1:26-28)

Esta declaración fundamental describe lo que Adán, y todos sus hijos después, se suponía que fueran, y quiénes se suponen que sean muy pronto nuestros hijos. Dios deja claras sus expectativas con respecto a sus criaturas. Él es el Jefe. Y aunque hay muchas voces que compiten diciendo cómo debe parecer un hijo exitoso, el Hacedor es quien toma esa decisión.

Esto me recuerda la competencia de escandalosas voces que escuchábamos cuando nuestros niños jugaban al béisbol de las Pequeñas Ligas. Una ruidosa multitud siempre les gritaba a mis hijos para que batearan un jonrón, mientras que los compañeros de equipo que llenaba el banquillo tenían también opiniones acerca de lo que debían hacer mis hijos en el terreno. Por supuesto, también estaba mamá, que casi siempre se interesaba más por la seguridad y el bienestar de sus hijos.

Puede que la multitud quiera que mis hijos se arriesguen para agarrar la pelota, puede que sus compañeros les griten sus diversas opiniones, puede que mamá solo quiera que tengan cuidado, pero el entrenador es el que decide lo que deben hacer cuando llega su turno al bate. Tal vez decida que hagan un batazo de sacrificio, un toque de bola o una jugada de batear y correr. Él es el entrenador. El futuro de mi hijo en el equipo, su recomendación o su crítica, dependerá de su respuesta a una voz en particular. Qué sabios seríamos si nos diéramos cuenta de que lo mismo sucede mientras guiamos a nuestros hijos hacia su futuro. Un día, nuestros hijos serán hombres que estarán de pie ante el Creador para rendir cuentas. Confío en que podrán testificar que su mamá y su papá los guiaron por un camino que les permitió cumplir su supremo y más fundamental llamado como hombres.

Aquí tienes cuatro elevadas metas para nuestros hijos como hombres y cada una se encuentra en nuestro pasaje clave: conocer a Dios, ejercer la debida autoridad y, en caso de que se casen, amar a sus esposas y reproducirse.

1. Hombres que conocen a Dios

Cuando Dios creó al primer hombre, lo hizo diferente del resto de las criaturas que creó. Decidió hacer al hombre «a su imagen» y «semejanza». Esto, por supuesto, no se refiere a algún tipo de aspecto físico. La Biblia nos dice que «Dios es espíritu» y esa es su esencia (Juan 4:24) y «un espíritu no tiene carne ni huesos» (Lucas 24:39).

Entonces, cuando Dios creó al primer hombre, la «semejanza» debe referirse a su naturaleza y a su capacidad de relacionarse con Dios. Al igual que el Dios trino tiene una comunión relacional dentro de las personas de la Divinidad, así Adán se creó como una persona que podría tener un compañerismo relacional con las personas de la Divinidad.

El Señor creó a Adán para que lo conociera y se relacionara con Él de una manera en la que ninguna otra parte de la creación física era capaz de hacerlo hasta ese punto. El Salmo 100:3 proporciona una perspectiva necesaria acerca de por qué nos crearon al principio: «Reconozcan que el Señor es Dios; él nos hizo y somos suyos; ¡somos pueblo suyo y ovejas de su prado!» (DHH). La primera pregunta del Catecismo menor de Westminster es: «¿Cuál es el fin principal del hombre?». Este responde: «El fin principal del hombre es el de glorificar a Dios, y gozar de él para siempre». Ese gozo de conocer y tener comunión con nuestro Hacedor es el propósito fundamental de la existencia de cada hombre.

Mucho más puede decirse y se dirá sobre el importante aspecto de alimentar y desarrollar los intereses y deseos de nuestros hijos de conocer a Dios, pero para comenzar, permítanme recordarles a los padres que hay una gran diferencia entre conocer acerca de Dios y conocer a Dios. Puede que nuestros hijos varones tengan un amplio conocimiento de los hechos de Dios y del evangelio, pero hasta que no establezcan una relación real y vital con su Hacedor, nuestras oraciones y nuestro trabajo serán solo el comienzo.

Considera los dos hijos de un sacerdote del Antiguo Testamento llamado Elí. De seguro sabían mucho acerca de Dios. Servían en el lugar de adoración. Sabían mucho sobre la Biblia y participaban en el «ministerio», pero la Biblia dice esto acerca de ellos: «Los hijos de Elí eran hombres indignos; no conocían al SEÑOR» (1 Samuel 2:12).

Al igual que la «buena teología» de los demonios, de quienes se nos dice que afirman de manera intelectual toda clase de verdades innegables acerca de Dios, estos siguen siendo «inútiles» y condenados porque su «creencia» solo es un conocimiento mental y no una confianza genuina que establece y alimenta una relación de buena fe (Santiago 2:19). Dios anhela celosamente que nuestros hijos se conviertan en hombres que lo conozcan de veras (Santiago 4:4-5). Como padres, esta tiene que ser la meta principal para nuestros hijos.

Muchos padres que hablan acerca del futuro de sus hijos dicen: «¡Todo lo que quiero es que sean felices!». Mi oración es que nunca nos hagamos eco de esa mantra de nuestra generación; en vez de eso, digamos: «¡Si al menos mi hijo conociera al Señor!». Nada podría ser más importante para su existencia que eso.

2. *Hombres que ejercen dominio*

En la siguiente frase de Génesis 1:26, Dios nos dice que Adán se creó para «ejercer dominio» sobre el mundo creado. Por supuesto, Adán solo tenía acceso a una parte limitada de ese mundo, pero el «dominio» sobre su pequeño rincón del mundo se convirtió en su llamado. «Dominio»: ahora hay una palabra con un toque de realeza. Asegurémonos de tener una idea acerca de a qué Dios llama a nuestros hijos para que maduren.

La palabra «dominio» se refiere a la aplicación de una supervisión positiva y constructiva sobre aspectos de la creación de Dios con buenos propósitos. Es el ejercicio del liderazgo que saca a la luz lo mejor de lo que se supervisa. Semejante a la palabra «jurisdicción», hace referencia a la administración y al ejercicio de una supervisión cuidadosa que pone reglas y ofrece directrices para obtener resultados positivos y piadosos. A la luz de la frase asociada, «sojuzgadla», la cual Dios usa en dos versículos más adelante para aclarar aún más este llamado; la idea de «dominio» representa una participación activa en el cultivo y control de aspectos del mundo que serán mejores y más útiles cuando se ejerce esta clase de liderazgo.

Como me gusta decir, a los hombres nos crearon para «sojuzgar» y «ejercer dominio» sobre nuestro pequeño rincón del mundo, pero muchos no logramos ganar siquiera el dominio de nuestros garajes, al menos en un principio. No obstante, en algún momento de nuestra vida adulta tendremos la gratificante experiencia de «tener dominio» sobre un garaje desordenado, cuando tomamos la determinación consciente de lograrlo. En casi todos los empleos que un hombre pueda tener se le otorga un pequeño rincón de la creación sobre el que debe ejercer dominio. Las preguntas son: ¿Estamos ejerciendo dominio de la manera adecuada y lo consideramos como una parte del llamado inicial que tiene sus raíces en el huerto del Edén? ¿Estamos en nuestro trabajo con el propósito de ejercer dominio con fidelidad no solo sobre los proyectos de trabajo o las metas a lograr, sino también sobre nuestros escritorios, casilleros y estantes?

Digo esto porque cuando pensamos en nuestros hijos, tenemos que darnos cuenta de que poner los juguetes en su lugar o limpiar sus cuartos no es solo una necesidad durante la infancia para evitar el caos, sino que de seguro los ayuda a empezar a pasar por una experiencia que no está muy lejos del llamado principal de sus vidas adultas.

El pequeño rincón del mundo de tu hijo, sin importar cuán pequeño sea (una caja de juguetes, un armario, un juego de cartas de béisbol), lo ayuda a experimentar un ejercicio de liderazgo para el que lo creó Dios. Como padres, necesitamos fomentar estos primeros pasos, a fin de someter el caos y ordenar una y otra vez lo que puede mejorarse y hacerse más útil. Necesitamos celebrar el ejercicio bueno y constructivo del liderazgo dondequiera que se encuentre, y darnos cuenta de dónde pueden usarse esas habilidades positivas y piadosas para cambiar su rincón del mundo para siempre.

3. Hombres que aman a sus esposas

Cuando Dios creó a la humanidad para que fuera un reflejo de su imagen emocional, intelectual y volitiva, no solo creó a los hombres; creó a los hombres y a las mujeres. Recuerda las palabras de Génesis 1: «Dios creó al hombre a su imagen. Lo creó a imagen de Dios. Hombre y mujer los creó» (Génesis 1:27, RVC). En el caso de Adán, Él no solo creó un mundo con mujeres, sino que se propuso que participara en una relación matrimonial con una compañera femenina diseñada en especial para él, llamada Eva. Esta creación complementaria y especial de Dios sirvió para mostrar la plenitud de su imagen divina en el género humano. Ese es un hecho importante que todos los hombres deben recordar, ya sea que se les llame o no para participar en el matrimonio.

Desde una edad temprana, tenemos que enseñarles a nuestros pequeños que esas niñitas que perciben de manera innata como seres irritantes infestados de piojos son en sí una parte muy valiosa y preciada de la creación suprema de Dios. El mundo no es lo que se supone que debe ser y no puede reflejar la gloria de Dios sin las mujeres que Dios creó para mostrar su propio carácter. Aunque quizá parezca anticuado, los niños necesitan convertirse en hombres que tengan el mayor respeto y cortesía hacia las mujeres de este mundo. Puede que el pecado haya complicado mucho la relación entre hombres y mujeres, pero tenemos que preparar a nuestros niños de modo que vean el supremo y glorioso plan de Dios de llenar la tierra de su gloria a través de la expresión de la masculinidad y la feminidad en su mundo.

Sin descartar el llamado especial de convertirse en un «soltero para el reino», como lo llamo yo, tenemos que empezar a sembrar en nuestros hijos la expectativa de que un día serán esposos. Hablaré mucho más sobre esto en los capítulos 3 y 8, pero por ahora al menos nos sentimos cómodos imaginando y discutiendo la posibilidad de que algún día nuestros hijos sean esposos, llamados a las tareas diarias de proveer, proteger y liderar de manera sacrificial en sus propios matrimonios. En vez de evitar estos temas cuando nuestros hijos son pequeños, tengamos la libertad de decir cosas tales como: «Cuando te cases...», «Cuando tu esposa esté...», «Cuando tu matrimonio tenga...». En un mundo en el que muchos varones se aferran durante décadas a una infancia perpetua, introducir en nuestras conversaciones debates anticipatorios y expectantes como estos harán mucho bien en la tarea de preparar a nuestros jóvenes para sus futuros.

Entonces, ¿qué me dices de...?

QUEDARSE SOLTERO

Reconozcamos que algunos hijos quizá estén entre los pocos que «renuncian al matrimonio por el bien del reino». Por supuesto, Jesús nunca se casó, ni el apóstol Pablo tampoco, y es probable que los devotos profetas Jeremías y Juan el Bautista también se quedaran solteros durante su servicio a Dios[3]. Todos fueron hombres piadosos y cumplieron su propósito en esta tierra.

En los tiempos modernos, todavía hay hombres cristianos que se quedan solteros y son fuertes siervos del Señor, incluyendo predicadores y teólogos. El autor de superventas John Stott afirmó que quienes se quedan solteros «renuncian al matrimonio de forma voluntaria, ya sea de manera temporal o permanente», a fin de «llevar a cabo un trabajo por el reino que demanda una devoción absoluta»[4]. El gran apologista y escritor cristiano del siglo veintiuno, C.S. Lewis, estuvo soltero hasta los cincuenta y seis años de edad.

Estos forman parte de esa minoría que posee una habilidad dada por Dios para encontrar paz y contentamiento genuinos en ausencia de la intimidad matrimonial (1 Corintios 7:7). Podemos y debemos celebrar y aplaudir este don especial, pero incluso si se sospecha que nuestro hijo lo posee, no debemos detener las conversaciones sobre que sea tutor y discipulador de otros.

4. Hombres que se reproducen a sí mismos

Después de referirnos al concepto de ser fructíferos y multiplicarse (Génesis 1:28, RVC), con el fin de comprender mejor nuestro papel en la crianza de adultos en formación, consideremos brevemente este concepto con relación a nuestros propios hijos. Sí, algunos hijos pueden estar entre los que se contentan con «renunciar al matrimonio por el bien del reino» (Mateo 19:12). Algunos profetas y discípulos tuvieron este don (consulta «Entonces, ¿qué me dices de...?»). Dicho servicio bendecido para el Rey continúa hasta el día de hoy. Sin embargo, esta es la excepción y no la regla general. Incluso si sospechamos que nuestro hijo tiene este don especial, no debemos evitar las conversaciones sobre el discipulado y la preparación de otros. En un sentido muy importante, no existe un solo «soltero para el reino» en la Biblia ni en la historia de la iglesia que no se reprodujera a sí mismo.

La mayoría de nuestros hijos encontrarán esposas y serán bendecidos con hijos, y esa es una realidad que necesitan ver desde el principio como muy bendecida. En general, los padres cristianos pueden atestiguar que la bendición de tener hijos es muy grande, a la vez que se cumple el gran diseño de Dios. Para una mamá y un papá existe algo divinamente satisfactorio en alimentar, sacrificarse y cuidar a sus hijos. Nuestros pequeños necesitan empezar a sentir esto no solo por la forma en que perciben nuestra alegría de ser padres (lo que de seguro no es un trayecto siempre lleno de gozo, pero que debe incluir suficientes sonrisas y risas para ser convincente), sino también, y de manera muy especial, por la forma en que hablamos de la realidad de sus propios hijos en el futuro.

Mis hijos pueden afirmar que su infancia estuvo llena de comentarios que empezaban con: «Cuando seas papá...», «Asegúrate de que tus hijos...», «Nunca permitas que mis nietos...». A veces estos comentarios surgían en conversaciones superficiales, pero otras veces no. Es interesante ver cómo estos comentarios periódicos hicieron posible que mis hijos tomaran muy en serio la paternidad y su responsabilidad de lidiar con una u otra situación con sus futuros hijos. Siento mucho alivio cuando pienso que no crie a mis hijos para que consideraran a sus propios hijos como una carga ni como un obstáculo para su «felicidad», sino como una gran bendición de Dios.

CAMINO A LA INDEPENDENCIA

Ahora, antes de analizar los aspectos *prácticos* y considerar un poco el «sentido común espiritual» al tratar de vivir a la luz de lo que dice que serán nuestros futuros hombres, abordemos un gran problema. Es un obstáculo que se interpone en casi cualquier intento de fomentar hombres jóvenes independientes: el problema del temor.

El problema del temor

A pesar de que muchas estadísticas sobre los abusos a los niños ha disminuido en general, es evidente que las historias sobre niños maltratados son más frecuentes, en comparación con cualquier generación anterior. Nuestro mundo conectado en esta era de la información, junto con publicistas y padres que quieren que «seamos conscientes» de todas las amenazas imaginables para el bienestar, nos hace creer que sería un milagro si nuestros hijos alguna vez sobreviven hasta la adultez. Tengo muy claro que cada estadística representa un caso real, pero tenemos que pensar en los millones y millones de paseos exitosos al parque, las miles de ocasiones en que los niños montan patinetes sin que les suceda nada malo y las experiencias positivas de las que no nos enteramos que tienen lugar durante la infancia de muchos niños. Son muy pocas las probabilidades de que nuestros hijos sufran una herida seria durante sus actividades diarias, pero el temor de los padres es mayor que nunca antes.

Es hora de que cada padre revise las palabras de Cristo: «¿No se venden dos gorriones por una monedita? Sin embargo, ni uno de ellos caerá a tierra sin que lo permita el Padre; y él les tiene contados a ustedes aun los cabellos de la cabeza. Así que no tengan miedo; ustedes valen más que muchos gorriones» (Mateo 10:29-31, NVI®).

Es verdad que los gorriones a veces caen al suelo, pero Jesús fue claro (por más desconcertante que pueda parecer su afirmación), en que ni uno solo queda fuera de la supervisión y del cuidado de Dios el Padre. Es evidente que esto no es una licencia para ser insensible ni descuidado (Lucas 4:9-12), pero nos recuerda que una crianza demasiado precavida, llena de preocupaciones y sobreprotectora, es inútil. De nuevo, en las palabras de Jesús: «¿Y quién de vosotros, por ansioso que esté, puede añadir una hora al curso de su vida?» (Mateo 6:27).

Los justos entienden esto y están libres de temor y ansiedad como es debido (Proverbios 28:1). No imprudentes, sino valientes. No tontos, sino confiados en que de una manera muy real nuestros hijos son inmortales hasta el día en que Dios ordenó que sea el último (Salmo 139:16).

Las niñeras

Una de las oportunidades frecuentes para que tus hijos aprendan a ser independientes es cuando mamá y papá están fuera. Esta también es una oportunidad para que, tanto los padres como los hijos, afronten sus temores. Desde el mismo comienzo de la vida de nuestros hijos hay muchas situaciones en las que mamá y papá necesitan tiempo a solas para salir una noche, asistir a un servicio en la iglesia, cumplir con las obligaciones del ministerio o tener unas horas para descansar. Es entonces cuando la idea de «otro» cuidador se convierte en un terreno fértil para que aparezcan toda clase de «qué pasaría si» en la mente de los padres. Podemos pensar: *Muchas cosas podrían salir mal.* Incluso si el cuidador en tu familia es un abuelo o una abuela, un amigo confiable de la familia, o la guardería de la iglesia local, es fácil imaginar las cosas terribles que pudieran pasar si no estamos presentes.

Recuerdo una vez que salí con mi esposa, poniendo a nuestro primogénito al cuidado de su abuela, solo para recibir una llamada telefónica a la mitad de la noche en que mi hijo se había quedado sin dientes. Bueno, no tanto. Mi suegra no lanzaba a su nieto por la sala como una pelota de fútbol, ni se pintaba las uñas en otra habitación mientras mi hijo corría a sus anchas. No, mi hijo tropezó en un escalón y se golpeó la boca contra el suelo de baldosas. Supongo que un casco lo habría evitado, pero dar los primeros pasos *sin protección* es uno de los riesgos que deben correr los padres y abuelos más razonables.

Esas primeras experiencias de separación de mamá y papá son el comienzo de un futuro de independencia creciente para tus hijos (e hijas). Cuando te abrume la *ansiedad por la separación* y tu niño o pequeñito hace pucheros, o incluso llora, cuando te ve salir por la puerta, recuerda que Dios es, al fin y al cabo, el que mantiene su corazón latiendo y el que lo guarda mejor que nadie. Estas razonables y necesarias horas de separación (menos al principio y tal vez más a medida que pasa el tiempo) son las experiencias iniciales mediante las que aprende a arreglárselas sin tu presencia constante a su lado. Esta es una pequeña parte del entrenamiento de tus hijos para la independencia.

Hora de dormir, ropas y quehaceres

Estas son tres actividades que brindan oportunidades para que tus hijos aprendan a ser independientes: la hora de dormir, la elección de la ropa y los quehaceres. *La hora de dormir* y *la hora de la siesta* son ocasiones para entrenar a tu pequeño niño a tener la experiencia de un *niño grande* que se las arregla por su cuenta en la soledad de su cama. Soy consciente que se han escrito muchas cosas que dicen lo contrario, gran parte de lo cual la aceptan con rapidez los padres cuyas cuerdas de tela parecen ser cables de acero. No obstante, sin entrar a debatir lo que dicen los «expertos», puedo afirmar desde el laboratorio de mi vida que mi esposa y yo nos dimos cuenta de que insistir en que nuestros pequeños deben quedarse en la cama y llamar solo si hay un problema serio (como partirse la frente), sirvió para desarrollar niños que fueron capaces de lidiar con su propia intranquilidad y conciliar el sueño.

Digo esto, pues gracias a nuestra dedicación temprana para acostumbrar a nuestros hijos a acostarse solos, mi esposa y yo no podemos recordar ni una sola vez en la que se bajaran de la cama para buscarnos, ni tocaran a la puerta de nuestro cuarto, ni se metieran en nuestra cama de noche. Claro, hubo llamadas periódicas por algún problema o susto, después de lo cual invertíamos con amor unos minutos para resolver dicho problema. Sin embargo, nuestra inversión para enseñarles como arreglárselas durante sus siestas o a la hora de dormir les desarrolló una habilidad varonil que hizo que las vidas de todos fueran mucho más tranquilas.

A menudo los padres les dan demasiadas opciones a sus hijos pequeños. Aun así, hay muchas situaciones en las que el padre puede brindar opciones y hasta autonomía en algunos casos. A través de esas oportunidades nuestros hijos en crecimiento pueden aprender a ser líderes de sus vidas y a practicar la toma de buenas decisiones. Una es la *elección de la ropa.*

Carlynn y yo a menudo dejamos que nuestros niños en edad preescolar escogieran las ropas que se iban a poner. Por supuesto, los padres tienen la potestad de vetar la elección, pero cuando mi hijo está decidiendo qué se va a poner para salir el sábado, de seguro que quiero que aprenda a tomar decisiones sobre su día, las que pueden comenzar con qué ropa usará. Puede que sea su camiseta o jersey favorito, con un personaje de dibujos animados en el frente. Aprender a elegir su ropa es un buen «ejercicio de dominio», casi siempre seguro, sobre su pequeño rincón del mundo.

Incluso cuando mis hijos crecieron, me gustaba que tomaran malas decisiones sobre la ropa de vez en cuando, como decidir no llevar un abrigo o usar zapatillas en vez de tenis (siempre con una advertencia clara de la decisión que pensaba que era la mejor); estas decisiones les permitieron arrepentirse de sus malas elecciones tan solo una o dos horas más tarde. Incluso en algo tan simple como estar un poco incómodo durante una hora o dos, no hacer caso de mi consejo de llevar una chaqueta hace maravillas en inculcar sabiduría sobre el buen y el mal juicio que se puede emplear al tomar decisiones independientes.

Hacer los quehaceres ayuda a los niños en el aprendizaje de la responsabilidad e independencia. Mis hijos siempre tuvieron quehaceres asignados, pero cuando llegaron los años de la adolescencia, Carlynn y yo siempre buscamos formas de animarlos a que asumieran más responsabilidades por su vida. Darles autonomía (dentro de lo razonable) sobre una serie de quehaceres, como lavar su ropa, ayudó a infundir un sentido de responsabilidad y «dominio» sobre una serie de cosas que tienen un impacto directo en sus vidas.

¡Cuán útil es para los jóvenes aprender que la ropa no se lava sola como por arte de magia! Cuán bueno les resulta empezar a aprender la independencia de usar la lavadora y la secadora lo que, de otra manera, será un amargo despertar durante su segunda semana en la universidad. Sin importar la edad de tus hijos, sigue buscando deberes y responsabilidades apropiados para su edad que tengan un impacto directo en su comodidad y bienestar diario. Y no siempre insistas en que las cosas se hagan justo como las haces tú; permíteles aprender a través de su propio método de ensayo y error que las prendas dobladas y las camisas colgadas en perchas, por ejemplo, a menudo se visten mejor que las que no lo están.

LA INDEPENDENCIA Y EL JUEGO AFUERA

La mayoría de las personas que nacieron antes de 1970 tenían la libertad para jugar e ir a casi todos los lugares, siempre y cuando les dijeran a sus padres a dónde iban y cuándo regresarían. Nosotros salíamos de la casa el sábado por la mañana y no teníamos que regresar hasta que las luces de la calle se encendieran. Recorríamos muchos kilómetros en bicicleta y jugábamos en tres parques diferentes el mismo día, todo eso sin rastreadores satelitales ni teléfonos inteligentes. Hoy en día, cualquier cosa parecida a eso puede ser motivo de una llamada al Servicio de Protección de Niños para denunciar a los padres «ausentes». Aunque no digo que la generación de padres anterior a la nuestra lo hizo todo bien, hay algo que debe decirse acerca de cómo muchos aprendimos a tener control sobre diversas situaciones, a resolver problemas y a ser cada vez más independientes, gracias a la libertad que nos daban para nuestro tiempo de juego durante la infancia.

Debido a los numerosos incidentes de secuestros y abuso de niños, resulta casi imposible regresar a las libertades que tenían antes los niños. No obstante, necesitamos proporcionarles a nuestros hijos un espacio para jugar, explorar y hasta para lastimarse de vez en cuando. Una buena crianza en nuestro hogar significa que nuestros niños puedan salir de la casa sin padres que se queden comiéndose las uñas o que los tengan en un cerco demasiado cerrado. Por supuesto, debe haber límites y parámetros sabios, pero muy a menudo escucho a padres que consideran su propio patio como un lugar peligroso y atemorizante en el que sus hijos no tienen nada que buscar. A menos que nuestros hijos tengan la oportunidad de ejercer dominio en un área razonable durante su tiempo de juego, es difícil pensar que algún día aprenderán a tener la valentía y la determinación necesarias para hacer algo importante en el tumultuoso mundo en que vivimos.

SOBRE FORMULARIOS Y SOLICITUDES

A diferencia de los tiempos pasados, gran parte de nuestro mundo moderno consiste en formularios, contratos, aplicaciones y trámites.

Mi meta era incorporar a mis hijos en este desafiante aspecto de la vida moderna tan pronto como fuera posible. Si había que llenar un formulario en la consulta del médico y tenían la edad suficiente para escribir con letra legible, les pedía que lo hicieran mientras los supervisaba. Cuando tuvieron la edad para sacar la licencia de conducción, les pedí que investigaran en la computadora, que buscaran tres o cuatro opciones viables y que me las trajeran para valorarlas. Cuando llegó el momento de ir a la universidad, les asigné fechas límites y cuotas para las diversas solicitudes, los ensayos y la correspondencia, y les pedía cuenta para asegurarme de que lo hicieran todo.

Si necesitamos hacer algo por nuestros hijos y hay trámites en el asunto, permite que tus hijos se conviertan en parte del proceso. Es inconcebible que ingresen a cualquier tipo de profesión en este mundo que *no* les exija ser capaces de rellenar solicitudes electrónicas, formularios y todo el papeleo de la vida moderna. Ayúdalos a que se sientan competentes en esto cada vez que surja una oportunidad apropiada.

UN APLAUSO, POR FAVOR

Esto no debería ni decirlo, pero lo voy a decir de todas maneras. Conscientes de que tratamos de lanzar hombres competentes y productivos a la siguiente generación, cualquier ocasión en la que veas a tu chico con aptitud para tomar una buena decisión, arreglárselas por sí solo o comportarse como el «niño grande» que puede manejar una situación sin ayuda, apláudelo con la alabanza y afirmación apropiadas. Enséñale que esas habilidades serán muy provechosas cuando Dios lo coloque en el mundo para hacer algo importante para Él. Dile que la buena decisión que tomó en una situación fue un acto que glorifica a Dios y que lo preparará para la vida adulta.

Incluso, puedes aprovechar una elección poco inteligente como una oportunidad para aprender. Ser decidido y correr un riesgo puede ser algo bueno, aun si el resultado no es positivo. No queremos que nuestros jefes se queden paralizados sin tomar ninguna decisión por miedo de hacer una mala elección. De seguro que una vida adulta productiva incluirá un incontable número de decisiones, y no todas serán las mejores. Felicítalo por aprender esa lección, aun cuando sus decisiones podrían haber sido mejores.

Anímalo en estos pequeños pasos, debido a que ves su importancia, aprendiendo a visualizar su futuro en oración todos los días.

ESTABLECE SU TRAYECTORIA ESPIRITUAL

Jesús hizo una pregunta sencilla y lógica por completo que los padres modernos a menudo pasan por alto. Es una pregunta que cada persona y, en nuestro caso, cada padre cristiano, debe dedicar algún tiempo para considerarla en serio. Jesús preguntó: «¿De qué le sirve a un hombre ganar el mundo entero y perder su alma?» (Marcos 8:36).

Imagínate por un momento que tu niño crezca y se convierta en uno de los hombres más ricos, exitosos e influyentes de su generación: se escriben libros sobre él, e institutos llevan su nombre. ¡Increíble! De seguro que esto enorgullecería a cualquier padre. Sin embargo, espera un minuto, les dice Jesús a sus oyentes. ¿Cómo se beneficiaría algún hombre, si después de todo ese éxito en el mundo, muere, se para delante de su Creador y escucha estas temidas palabras: «Jamás os conocí; apartaos de mí [...] Apartaos de mí, malditos, al fuego eterno que ha sido preparado para el diablo y sus ángeles» (Mateo 7:23; 25:41)?

Con certeza, tu orgullo como padre tendría una corta vida. ¿Qué beneficio, alegría o felicidad verdadera habría por alguien que se perderá para siempre? ¿Cuán feliz podría estar alguien por un hombre que nunca se aseguró una eternidad próspera? ¿Qué gratificación verdadera puede producir la fama y la fortuna de un hijo, su placer terrenal y su felicidad temporal, si todo termina en que tenga que pagar el precio por todos sus pecados?

Es obvio que Jesús enfatiza un aspecto muy importante que cada padre debe considerar. No existe un provecho real en las ganancias terrenales si no se redime ni perdona el alma de la persona. Esta es una preocupación perturbadora que debe motivar a cada padre cristiano.

LO QUE NECESITA CADA HOMBRE

No hay que olvidar que sin importar lo hermoso y adorable que se vea un recién nacido, este llega a nuestro mundo con un serio problema de gran alcance. Contrario a lo que suponen muchos, los seres humanos no vienen al mundo como una hoja en blanco ni como seres neutrales desde el punto de vista moral. A cada uno de nosotros se nos «concibió en pecado» (Salmo 51:5, RVC), como descendientes de nuestros antepasados caídos (Génesis 3:20), con la misma naturaleza pecaminosa que el resto de la humanidad caída (Romanos 5:12-21).

Los efectos residuales de la rebelión de nuestros primeros padres contra Dios están presentes en cada niño. Piensa en los efectos biológicos del impacto del pecado en nuestros hijos como algo tan común como una infección viral, o tan serio como un debilitante defecto de nacimiento que amenaza la vida, como sucedió cuando nació mi hija. La vulnerabilidad de cada persona ante el poder de la muerte, sea cual fuere la edad, es una evidencia convincente de que todos los seres humanos comparten la paga de la desobediencia de Adán.

Reflexionando más allá de las consecuencias físicas del problema fundamental de la humanidad, considera las manifestaciones mucho más serias, a saber, la propensión a continuar el patrón de pecado y la rebelión contra las leyes justas de Dios. Nuestros niños no entran al mundo con una inclinación a hacer lo bueno (por muy encantadores como puedan ser a veces con sus mamás y abuelas); están predispuestos a hacer lo que la Biblia define como pecado. Se quedan cortos ante los estándares gloriosos de Dios y existen como pequeños humanos caídos, alejados de la vida de Dios desde el punto de vista relacional. En otras palabras, nuestros hijos necesitan reconciliarse con su Hacedor, necesitan ser redimidos por la muerte de Cristo en su lugar, y necesitan ser declarados justos por la obra regeneradora del Espíritu Santo.

Esta conversión que cambia la vida de los pecadores debe ser el deseo y la oración ardiente de cada padre cristiano. Debemos anhelar, más que cualquier otra cosa, que nuestros hijos lleguen a un punto en el que puedan entender su necesidad del evangelio de Jesucristo. Debemos orar para que experimenten una profunda convicción de sus propios pecados y vean el incomparable valor del sufrimiento de Cristo por ellos. Nada de esto es posible sin la obra del Espíritu de Dios en sus vidas. Confío en que podamos decir junto con el apóstol Pablo: «El deseo de mi corazón y mi oración a Dios por ellos es para su salvación» (Romanos 10:1).

DIOS COMO NUESTRA PRIORIDAD

Sí, todos deberíamos comenzar con la oración por su salvación, ¿pero qué más deberían hacer los padres en espera y preparación para la expresión de arrepentimiento genuino y fe salvadora de su hijo? El conocimiento y la presencia de Dios deben abundar en nuestros hogares. Los padres y las madres necesitamos hablar acerca de la importancia y la presencia de Dios en todo lo que hacemos. Nuestras conversaciones sobre la historia, las noticias diarias, el pronóstico de hacia dónde se dirige nuestro mundo, deben conducirnos siempre a resaltar quién es Dios, qué ha revelado y de qué manera participa de manera activa en todas las cosas. En pocas palabras, la existencia y la actividad de Dios son los lentes mediante los cuales un piadoso hogar cristiano debe ver y reflexionar sobre el mundo en sus conversaciones diarias.

A esto se le llama cosmovisión. Todo el mundo tiene una, y los padres cuyo propósito es educar hombres que prioricen las cosas espirituales y que inviertan de veras en el reino de Dios, deben tener una cosmovisión cristiana por completo.

Este sencillo recordatorio puede hacernos sentir culpables en nuestro proceder como padres. Puede que revele nuestra propia necesidad de pensar de manera más bíblica. Jesús dijo: «Un discípulo no está por encima de su maestro; mas todo discípulo, después de que se ha preparado bien, será como su maestro» (Lucas 6:40). Es muy importante considerar que, como regla general, la sensibilidad y la inversión espirituales que deseamos para nuestros hijos rara vez sobrepasarán las nuestras.

Supongo que esto se debe a que muchas personas se sienten motivadas a fortalecer sus propias disciplinas espirituales y buscar a Dios cuando tienen hijos. Que así sea. Es un buen momento para nosotros, como padres, considerar nuestra salud espiritual y nuestra determinación de ser todo lo que Dios desea que seamos como sus hijos o hijas. No queremos que nuestros hijos estén con un entrenador de bateo con un promedio de .200 ni con un entrenador de golf que rara vez alcanza los 100. De la misma manera, debemos sentir la presión como los principales entrenadores cristianos de nuestros hijos y asegurarnos de que hacemos progresos en el aprendizaje de: «Ama al Señor tu Dios con todo tu corazón, con toda tu alma y con toda tu mente» (Mateo 22:37, DHH).

Lo que quiero decir es que si esperamos enseñarle «al niño el camino en que debe andar», de modo que «cuando sea viejo no se [aparte] de él» (Proverbios 22:6), necesitará ver modelada esta prioridad de Dios. Y como suele ser el caso, aprender a valorar y priorizar las cosas de Dios mientras se es niño no solo se enseña, sino que también se capta. He aquí tres grandes aspectos.

1. Un hogar saturado de la Biblia

Si deseas que tus hijos conozcan al Dios vivo y verdadero (y no a un «dios» de tu imaginación o de la suya), sus debates familiares sobre Dios deben basarse en las verdades acerca de Él que se nos revelan en su Palabra, las Escrituras. Como una de las primeras instrucciones para los padres dadas por Dios: «Estas palabras que yo te mando hoy, estarán sobre tu corazón; y diligentemente las enseñarás a tus hijos, y hablarás de ellas cuando te sientes en tu casa y cuando andes por el camino, cuando te acuestes y cuando te levantes» (Deuteronomio 6:6-7).

Las palabras de la Escritura y los principios bíblicos deben saturar tu hogar. Tus conversaciones deben volver con regularidad a la verdad que se encuentra en la Biblia. Repito, es probable que esto no suceda si mamá y papá son negligentes con respecto a su propio estudio personal de la Palabra. Sé diligente con respecto a dedicar tiempo para tu propio estudio diario de la Biblia. Considéralo como una inversión esencial de tus mañanas (o tus noches). Luego, asegúrate de terminar ese tiempo con algo de la Palabra y, siempre que sea posible, conversa al respecto con tus hijos. Como afirmara J.C. Ryle:

No puedes hacer que tus hijos amen la Biblia, lo acepto. Nadie más que el Espíritu Santo puede darnos un corazón para deleitarnos en la Palabra. Aun así, puedes hacer que tus hijos se familiaricen con la Biblia; y asegúrate de que nunca será demasiado temprano para que la conozcan, ni nunca la conocerán demasiado bien[1].

Esta es la meta. Haz que tu hijo conozca mucho de la Biblia. Coméntales algo de lo que aprendiste en tu propio tiempo personal de aprendizaje de la Palabra. Esto es fundamental. Luego, considera la posibilidad de programar un tiempo de instrucción.

Sugiero que te pongas la meta de conversar con tus hijos sobre algo de cada libro de la Biblia antes de que lleguen a la edad escolar. Eso quizá parezca abrumador, pero hay muchos buenos materiales que pueden guiar a los padres en este tipo de empresa. Como soy pastor, decidí escribir el mío. Al sistema que desarrollé lo llamé *Bible Survey for Kids*. Este me permitió dedicar un tiempo determinado con antelación para enseñarles a mis hijos los fundamentos de los sesenta y seis libros de la Biblia. Incluye hacer un dibujo sencillo, repasar los personajes principales y las verdades de cada libro y completar un cuadro cronológico de la historia bíblica con fotos que están en tarjetas de ocho por doce centímetros, que se cuelgan en un cartel de anuncios en la pared. Sin importar lo que uses, debe haber un esfuerzo concertado de los padres para enseñarles a sus hijos las verdades básicas de la Biblia. Dios puede usar esto a fin de edificar una base estable para su formación de cosmovisión.

Además de la instrucción en el hogar, recomiendo una participación priorizada en un programa de la iglesia centrado en la Biblia. Hay varios; el más popular en la actualidad es el programa internacional AWANA, que ofrecen muchas iglesias. Si esto, o algo similar, se llevara a cabo en tu iglesia, aprovéchalo. La memorización de las Escrituras que tiene lugar en esta clase de programas llenará tu hogar con naturalidad. Toda nuestra familia terminó memorizando los versículos que mis hijos tenían que aprenderse cada semana. Si tu iglesia no ofrece un programa como este, imagínate la bendición que serías para muchas familias si consideras en oración convertirte en el promotor del lanzamiento de AWANA o de cualquiera de las alternativas en tu iglesia.

2. Un hogar que ora

Dios nunca será una prioridad en tu hogar si no oran juntos como familia de manera regular. La oración es esencial para mantener nuestras mentes alertas y enfocadas en la presencia y supremacía de nuestro Creador. Asegúrate de que sea una práctica regular en tu propia vida y un ejercicio que se practica en tu familia.

Sé que no es raro que nos sintamos culpables con respecto a nuestro tiempo de oración. Sin embargo, debido a que la oración es importante, permíteme un par de minutos para que tú y yo sintamos esa convicción. Como vivimos en el mundo moderno, nuestra perspectiva por defecto es que todos estamos «superocupados». Tal vez nos sintamos ocupados y, quién sabe, puede que estemos muy ocupados en realidad, pero tenemos que pensar hacia dónde va nuestro tiempo y preguntarnos si eso en lo que empleamos el tiempo es de veras más importante que las cosas más importantes que descuidamos a menudo.

Pocas cosas son más importantes que la oración. Si estás «demasiado ocupado» para orar, creo que puedo decir con autoridad bíblica que estás demasiado ocupado. Tienes que abandonar algo de lo que tienes en tu horario y sustituirlo con un tiempo dedicado a la oración. Jesús estaba ocupado, muy ocupado. Tenía una importante misión y participaba de forma activa en todo lo que Dios le llamó a hacer. La gente demandaba su atención y todo el mundo quería su tiempo. No obstante, Jesús *buscaba tiempo* para la oración. Vemos que Jesús modelaba la prioridad de la oración cuando «se retiraba a lugares solitarios y oraba» (Lucas 5:16), cuando «levantándose muy de mañana, cuando todavía estaba oscuro, salió, y se fue a un lugar solitario, y allí oraba» (Marcos 1:35) y cuando «después de despedir a la multitud, subió al monte a solas para orar» (Mateo 14:23).

A medida que se incrementa nuestra práctica personal de la oración, estoy seguro de que será natural extender esa práctica para iniciar tiempos de oración en familia. Dios nos llama a orar siempre (Lucas 18:1, RVC) acerca de todo (Filipenses 4:6) y por todos (1 Timoteo 2:1). ¡Tenemos mucho por qué orar! Así que reúne a tu familia y oren. Utiliza esos tiempos regulares de oración (mi deseo es que todavía sean regulares para la mayoría de los cristianos) como la hora de la comida y la de acostarse. Incluso antes de que tu hijo pueda hablar, aquiétalo, sostenle las manos y habla con Dios. Antes de alimentarlo, antes de acostarlo para que duerma la siesta, antes de acostarlo por la noche. Ora. Ora por lo que está pasando en tu casa, en tu iglesia, en tu ciudad, en tu país y en el mundo.

En mi familia tenemos la práctica de orar siempre que escuchamos acerca de una crisis. Puede que sea a través de un correo electrónico, un mensaje de texto o las noticias. Detente y haz una oración con tu familia. Puede ser cuando pasas por la escena de un accidente en la carretera, toma un minuto en el auto para guiar a tu familia en oración. Puede ser incluso cuando escuchas el sonido de la sirena de emergencia de un vehículo, solo toma un minuto y di: «Familia, vamos a orar».

También hemos creado la práctica en mi familia de orar cuando nuestro auto está a punto de llegar a su destino. Cuando estábamos casi en el campo de béisbol donde estaba a punto de comenzar la práctica de mi hijo en las Ligas Menores, nos tomábamos unos minutos para orar por el entrenador, el equipo, los padres y, desde luego, para que nuestro hijo fuera un participante sabio, valiente y esforzado en el equipo. Si estábamos a tres o cuatro cuadras de distancia de la iglesia, mamá y yo orábamos para que nuestros hijos se bajaran del auto y entraran a la iglesia listos para servir a otros, ver las necesidades de otros, ser de bendición para las personas nuevas y para que aprendieran algo de la Palabra de Dios que los transformara y los fortaleciera. Cualquiera que sea el destino: la escuela, el mercado, la casa de un amigo, el parque o una visita a los abuelos, ¡oremos!

3. Un hogar agradecido

Para mantener a Dios como el centro de nuestra prioridad en nuestros hogares nos resulta útil ser conscientes de su participación regular en la protección y el sustento de nuestras familias. Está claro y debe ser obvio para cada cristiano que «toda buena dádiva y todo don perfecto descienden de lo alto, del Padre de las luces» (Santiago 1:17, RVC). Al fin y al cabo, entendemos que Dios «da a todos vida y aliento y todas las cosas» (Hechos 17:25), y en Cristo «todas las cosas permanecen» (Colosenses 1:17). Si no fuera por la participación continua de Dios en sostener su creación, implosionaríamos al instante. Puesto que «en Él vivimos, nos movemos y existimos» (Hechos 17:28).

Estos hechos son ciertos para todas las personas. La diferencia entre los cristianos y los no cristianos es que nosotros reconocemos esos hechos y le damos a Dios el crédito por ellos. Por eso es que somos personas que adoramos. Nosotros somos los que le tributamos «al SEÑOR gloria y poder»; somos las familias que le tributamos «al SEÑOR la gloria debida a su nombre» (Salmo 29:1-2). Este tipo de acción de gracias y alabanza debe ser una parte sustancial de nuestra expresión diaria a Dios y debe acentuar nuestro diálogo con nuestros hijos. Necesitamos modelar con generosidad nuestro reconocimiento de que si sucedió algo bueno, fue por la gracia y la misericordia de Dios, y debemos agradecerle. Una frase sencilla puede ser: «¡Gracias, Dios!», pero confío en que nuestros hijos tengan que admitir que la escucharon a menudo de la boca de mamá y papá, y que eso los hizo cada vez más conscientes de la participación de Dios en nuestra vida diaria.

Mi rutina no solo es dirigirlos en un momento de oración antes de salir a cualquier viaje, sino también después de regresar, guiando a la familia en una oración de acción de gracias cuando llegamos al mismo lugar donde hicimos la oración cuando salimos. Confío en que mis hijos nunca olvidarán que mamá y papá estuvieron agradecidos por cada buena dádiva y don perfecto, incluso cuando hubo viajes que tuvieron algunas decepciones o percances costosos. Dios es bueno. Él siempre es bueno con nuestras familias, y es importante que nuestros hijos nos escuchen dirigiendo oraciones de alabanza y acción de gracias a nuestro misericordioso Dios.

Y hablando de dar gracias, cuando hacemos oraciones con acción de gracias, asegurémonos de mencionar siempre nuestro agradecimiento a Dios por la provisión más importante de todas: el perdón de nuestros pecados por medio de la muerte y resurrección de Jesucristo. Este es un elemento importante para proporcionar aclaraciones frecuentes sobre el evangelio en nuestros hogares.

CLARIDAD SOBRE EL EVANGELIO

Como lo aclara la Biblia (y espero que sea tu experiencia), tu hijo nunca podrá decir con sinceridad: «Siempre he sido cristiano». Todos entran al mundo con la necesidad de regeneración, de ese nuevo nacimiento y vida que nos da Dios, que se produce cuando el pecado inherente en nuestra humanidad, y agravado por nuestras propias decisiones pecaminosas, se borra y somos declarados justos por la obra consumada de Cristo.

La oración anterior es una gran verdad y está llena de un profundo sentido espiritual. Es una verdad que los bebés no entienden ni sienten que la necesitan. Pueden pasar muchos años antes de que tu hijo que asiste a la iglesia y recita versículos esté listo para aceptar esta verdad con un corazón arrepentido de veras y lleno de fe. Es esencial que los padres cristianos comprendan eso.

Sé que debido a nuestro amor y preocupación por el bienestar espiritual de nuestros hijos, nos sentimos tentados a apresurar esta obra que hace Dios por medio de su Espíritu. Sin embargo, no debemos hacerlo. Cualquier presión o manipulación solo dará lugar a un falso sentido de seguridad. Cuando empujamos, persuadimos o presionamos a nuestros hijos para que reciten la «oración del pecador», se levanten y caminen al altar cuando el pastor hace un llamado, levanten la mano en alguna actividad evangelística, o se inscriban para bautizarse, puede que solo le estemos dando una razón para alejarse de la genuina convicción interior que produce el Espíritu Santo. Ten cuidado con esto.

Por supuesto que recibimos con agrado cada paso que nuestros hijos dan hacia Dios cuando son pequeños. Aun así, también necesitamos comprender que una respuesta adecuada al evangelio sale de una mente «madura». No digo que los niños no puedan convertirse en cristianos regenerados de verdad, ¡a veces sí sucede! En cambio, a veces no es así, incluso si se crían en hogares centrados en Dios y saturados de la Biblia. Abandonar una vida pecaminosa dirigida por el yo y entrar a una vida de sumisión a la obra, voluntad y palabra del Señor Jesucristo es una gran transformación personal. Sí, a veces Dios hace esta obra en la vida de un niño. No obstante, en muchos casos, esos «pasos tempranos hacia Dios» se producen por un deseo inmaduro de satisfacer las expectativas de los padres, un temor infantil de no poder entrar en la casa eterna de los padres, o la manipulación emocional de un conferenciante que desea que forme parte de algún grupo, movimiento u organización.

LA CONVERSIÓN EN UN HIJO DE DIOS

Convertirse en un hijo de Dios no por «la voluntad del hombre, sino de Dios» (Juan 1:13), es algo que siempre involucrará algunos elementos fundamentales. Por lo que debemos orar es por los encuentros con estos elementos y procurar aclararlos siempre a medida que nuestros hijos crecen y maduran en su comprensión de la verdad bíblica.

1. Un punto de vista integral acerca de Dios

No me malinterpreten, pero en cierto sentido es desafortunado que el primer versículo que nuestros niños aprenden tradicionalmente sea Juan 3:16 (es decir: «Porque de tal manera amó Dios al mundo, que dio a su Hijo unigénito»). Cierto, eso es fantástico y es un resumen fundamental de la obra redentora de Dios motivada por su amor. Sin embargo, implica muchas verdades fundamentales que la mayoría no aprende hasta más tarde en la vida. De alguna manera, enseñarles primero a nuestros hijos acerca del amor de Dios está fuera de la secuencia bíblica. Es como que alguien en el instituto te diga que «¡Jennifer te ama!». Si conozco poco o nada sobre Jennifer, o lo que es peor, si me imagino que Jennifer es alguien que no es, saber que Jennifer me ama terminará por ser irrelevante.

La Biblia no empieza con el amor de Dios; comienza con la posición de Dios sobre nosotros como el Creador soberano. «En el principio creó Dios» (Génesis 1:1). Esto es lo primero que tienen que entender las personas, y nuestros hijos necesitan aprender eso lo más temprano posible. Dios es la autoridad suprema sobre todas las cosas en la creación, por virtud de su posición como nuestro Creador. A menudo me gustaba explicarles esto a mis hijos al recordarles cómo se sentían con respecto a las cosas que creaban. Sentían cierta soberanía (autoridad o poder) sobre esas cosas, ya fuera una torre que construyeran con bloques o una escultura difícil de descifrar, hecha de barro. Cuando la mostraban, o la destruían, les explicaba que sentían una especie de «señorío» sobre esas creaciones porque las crearon. Desde una edad temprana, los padres necesitamos enfatizar la autoridad soberana y absoluta de Dios sobre las cosas y las personas que ha hecho. Él es el Alfarero y nosotros somos el barro (Isaías 64:8).

Los padres también pueden aclarar que este Alfarero divino es un perfecto, santo y justo Alfarero. Aunque sus complejas vasijas se han rebelado y han echado a perder su creación, Él permanece santo y justo. No hace nada mal y tiene un estándar perfecto para nosotros, el cual nos llama a mantener. El problema, como todos sabemos, es que no mantenemos ese estándar. Aun así, el estándar es bueno. Como dijera el apóstol Pablo: «La ley es santa, y el mandamiento es santo, justo y bueno» (Romanos 7:12). Desde el principio, siempre queremos afirmar esto con nuestros hijos, incluso cuando nos quedamos cortos. El estándar permanece: «como aquel que os llamó es santo, así también sed vosotros santos en toda vuestra manera de vivir» (1 Pedro 1:15).

Una tercera verdad fundamental acerca del carácter de Dios que debemos recordarles con regularidad a nuestros hijos es que nuestro Dios santo también es un Dios justo. Después de afirmar el estándar santo de Dios, Pedro añade: «Y si invocáis como Padre a aquel que imparcialmente juzga según la obra de cada uno, conducíos en temor durante el tiempo de vuestra peregrinación» (v. 17). Esta virtud olvidada y «anticuada» del *temor de Dios* puede que sea una de las razones principales por las que tantos niños que crecen en hogares cristianos nunca llegan a aceptar la gracia del evangelio. Cuando entendemos la posición, perfección y justicia de Dios, estamos preparados de veras para entender el bondadoso y misericordioso amor de Dios.

Por eso es que un punto de vista integral acerca de Dios no se puede producir solo alrededor del atributo singular del amor de Dios. Durante los años de crecimiento de nuestros hijos, como padres debemos prepararlos en la comprensión de que Dios es «nuestro Jefe», pues él es nuestro Creador. Él es el Jefe perfecto con reglas justas a la perfección, Él es un Dios justo que castiga el pecado y la rebelión y qué bueno que es también un Dios amoroso que extiende su gracia a los contritos y rebeldes pecadores.

2. La convicción de pecado y la necesidad de la gracia

Esos hechos pueden entenderse como verdades objetivas, pero la conversión real requiere que se interioricen, y que el Espíritu Santo produzca la convicción que han experimentado todos los pecadores convertidos de veras. Puede que esta sea una de las realidades más difíciles de aceptar para los padres modernos. Los padres y madres en la actualidad desean proteger a sus hijos de cualquier emoción negativa, ¿y qué es más negativo que un sincero sentimiento de culpa? Sin embargo, el apóstol Pablo es muy claro:

> Si bien los entristecí con mi carta, no me pesa. Es verdad que antes me pesó, porque me di cuenta de que por un tiempo mi

carta los había entristecido. Sin embargo, ahora me alegro, no porque se hayan entristecido, sino porque su tristeza los llevó al arrepentimiento. Ustedes se entristecieron tal como Dios lo quiere, de modo que nosotros de ninguna manera los hemos perjudicado. La tristeza que proviene de Dios produce el arrepentimiento que lleva a la salvación, de la cual no hay que arrepentirse, mientras que la tristeza del mundo produce la muerte. (2 Corintios 7:8-10, NVI®)

Sin las lágrimas por el verdadero reconocimiento de la rebelión pecaminosa, no hay esperanza de una salvación genuina. Como padres debemos estar mucho más dispuestos a orar para que a nuestros hijos los atrapen en sus pecados, si no es por nosotros o algún otro ser humano, por Dios mismo. Debemos orar para que su sentido de exposición y culpabilidad que sienten ante un Padre santo dé lugar a la indignación por su pecado, y los lleve a repetir las palabras de este conocido himno:

> Sublime gracia del Señor,
> Que un infeliz, salvó;
> Fui ciego mas hoy miro yo,
> Perdido y Él me halló.
>
> Su gracia me enseñó a temer,
> Mis dudas ahuyentó,
> ¡Oh, cuán precioso fue a mi ser,
> Cuando él me transformó![2]

3. La provisión de Cristo

En las Escrituras, el evangelio presenta a Dios mientras mantiene su justicia dispensando gracia a los pecadores debido a la obra sustitutiva de Cristo. Nuestros hijos deben aprender desde temprano que por eso ofrecemos tal central adoración y culto a Jesucristo. Sí, Jesús se nos presenta como todo Dios, pero debido a que es todo hombre, ocupó de manera generosa el lugar del cristiano ante el justo tribunal de Dios y sufrió el castigo que merecíamos por nuestro pecado. Dios estuvo dispuesto a tratar a Jesús, su Hijo perfecto, como si fuera el pecador que somos nosotros.

Mientras nuestros hijos, los tuyos y los míos, crecen con un reiterado fortalecimiento de lo que proporcionó esa transacción, debemos orar para que llegue un día en el que, debido a la convicción del Espíritu de Dios sobre su pecado, se aferren a la cruz por fe, escuchando las palabras «pagado en su totalidad» en su nombre. Cuando llega esa convicción que transforma la vida, queremos estar seguros de que saben en sus corazones a quién dirigirse. Queremos que tengan una teología bien informada que los lleve de inmediato por la fe a ese lugar donde se hizo expiación por sus transgresiones.

Habla a menudo de la cruz, y no siempre con esas conocidas frases poéticas que a menudo opacan los aspectos legales de la transacción. Cuando el corazón de tu hijo está contrito, puede necesitar más que una comprensión lírica de lo que sucedió en esa armazón de ejecución romana. Es probable que su conciencia necesite un sentido más concreto de la justicia de Dios que se satisfizo a la perfección debido a que alguien sufrió las consecuencias de su rebelión en su lugar. Sí, habla con frecuencia de la cruz, y habla de ella usando diversos y variados términos a lo largo de la infancia de tu hijo.

4. El arrepentimiento genuino

La Biblia nos dice que el arrepentimiento que acompaña la salvación es mucho más que lamentar algo mal hecho. Es más que estar triste por las consecuencias de los propios errores. Es más que la vergüenza de sentirse descubierto haciendo algo indebido. El arrepentimiento genuino, tanto en el Antiguo como en el Nuevo Testamento, produce un abandono del pecado para volverse a Dios (Isaías 55:6–7; Ezequiel 18:30–31; Hechos 3:19, 26:20). Es una indignación por lo que es el pecado (2 Corintios 7:11), y por el dolor y el daño que le produce a Dios. Es un abandono sincero y de todo corazón para no seguir en esas mismas cosas. Es un cambio radical de una vida vivida por uno mismo a una vida que se vive por Aquel que murió por nosotros (2 Corintios 5:15).

El arrepentimiento no significa que los cristianos ya no pecan (1 Juan 1:8), pero sí significa que el patrón y la trayectoria de la conducta pecaminosa cambian de veras:

Y todo el que tiene esta esperanza puesta en Él, se purifica, así como Él es puro. Todo el que practica el pecado, practica también la infracción de la ley, pues el pecado es infracción de la ley. Y vosotros sabéis que Él se manifestó a fin de quitar los pecados, y en Él no hay pecado. Todo el que permanece en Él, no peca; todo el que peca, ni le ha visto ni le ha conocido. Hijos míos, que nadie os engañe; el que practica la justicia es justo, así como Él es justo. (1 Juan 3:3-7)

Como alguien dijera una vez, el arrepentimiento otorgado por el Espíritu de Dios cuando nos convertimos de manera genuina no hace que no pequemos, sino que nos hace pecar menos. No significa que un adolescente salvo de veras no peque, sino que no practica el pecado como sus compañeros. El verdadero arrepentimiento en la vida espiritual de una persona no debería ser mucho más difícil que reconocerlo en su vida biológica. Si alguien te dijera que se ha «arrepentido» de comer comida chatarra y que ahora come de una forma diferente, no sería muy difícil comprobar si su «arrepentimiento» es real. El tiempo lo dirá. Su modo de actuar sería determinante. Si solo se trató de «borrón y cuenta nueva» durante una o dos semanas, sabrás que no es verdadero «arrepentimiento». Si esa persona, como todo el que hace dieta, tiene fallos momentáneos, lo entenderás. También verás una clase de respuesta de «arrepentimiento posterior» ante el fallo sufrido en la dieta. Habrá cierto disgusto e indignación por sus fracasos en la dieta, lo que nunca sintió antes de su «arrepentimiento».

De modo que es pertinente cierta precaución saludable sobre cualquier proclamación del arrepentimiento espiritual de tu hijo. No es que no deseemos celebrar un acercamiento sincero a Cristo, pero tampoco queremos transmitir a nuestros hijos una falsa seguridad con respecto a su salvación si su arrepentimiento tiene un origen humano en lugar de divino.

5. Una fe que permanece

Al igual que el arrepentimiento que perdura y tiene un efecto duradero durante el resto de la vida de tu hijo, la fe salvadora en Cristo que le acompaña también es del tipo que perdura. La fe salvadora real es una clase de confianza que continúa confiando en Cristo como la única solución para nuestro problema del pecado. No es Cristo más otra cosa. Es una fe que permanece en la transacción que Dios hizo en la cruz cuando su Hijo absorbió nuestros actos de pecado y rebelión; se trata del pago suficiente por completo y el que nos califica para ser parte de la familia de Dios.

Entonces, ¿qué me dices de...?

ALEJARSE DE DIOS

Aunque las estadísticas varían de acuerdo a los diferentes informes, es seguro decir que alrededor del ochenta por ciento de los «cristianos» de las iglesias en Estados Unidos terminan alejándose de cualquier manifestación de su fe en Cristo para cuando llegan a los veinte años. La Biblia dice: «Nosotros tenemos parte con Cristo, con tal de que nos mantengamos firmes hasta el fin en la confianza que teníamos al principio» (Hebreos 3:14, DHH). No dice que «tendremos parte con Cristo», sino que «tenemos parte con Cristo» si demostramos una fe que permanece en Cristo.

Una vez más, la Biblia da mucho lugar a los santos que tropiezan y los tiempos de duda. Sin embargo, debemos notar que hay una gran diferencia entre el tropiezo de Pedro y la deserción de Judas. Ambos probaron la realidad de su fe (o la falta de la misma) por la manera en que respondieron a sus episodios en los que titubearon en la fe. Al que Dios usó para el avance de su causa está en el libro de Hechos; se levantó y fortaleció su fe después de su tropiezo. El otro, a quien Jesús llamó «el hijo de perdición» (Juan 17:12), no solo tropezó, sino que literalmente «cayó de cabeza» y nunca más se levantó (Hechos 1:18). Este demostró la ausencia de fe salvadora al ser el «amigo» de los buenos tiempos acerca de lo cual Jesús enseñaba a menudo (Mateo 13:21), y que incluso el apóstol Juan pudo ver (Juan 12:4-6).

La fe de tu hijo en la obra salvadora de Jesucristo debe cambiar su confianza de que puede hacer algo para compensar su conducta pecaminosa. Se trata de la seguridad de que Jesús vivió una vida perfecta en su lugar y murió una muerte lo bastante dolorosa por todo lo que merecen nuestros pecados. Esa es una clase de fe profunda. Es más que solo afirmar una serie de hechos sobre Dios o solo creer que lo que enseña la Biblia es verdad. Tal fe que permanece en Cristo es capaz de sustentarse, incluso a través de sus años en la universidad.

No obstante, sabemos que muchos adultos jóvenes abandonan su fe cuando dejan el hogar, ya sea cuando van a la universidad o por retos con respecto a su fe por parte de compañeros y amigos. (Consulta el recuadro). Aquí tienes algunas ayudas prácticas en ese sentido. Permite que tu hijo tenga conexiones y experiencias de primera mano con otros cristianos maduros y juiciosos, más allá de «mamá y papá», ¡especialmente con hombres cristianos! Durante su infancia, permite que tu hijo esté expuesto a la influencia de hombres cristianos inteligentes, competentes y fructíferos. Invítalos a cenar. Llévalos a almorzar. Permite que tu hijo les haga preguntas a estos hombres. Permite que tu hijo sea testigo de discusiones racionales y estimulantes entre tú y estos hombres. Tu hijo, sin duda, se beneficiará al interactuar con sólidos ejemplos de fidelidad cristiana.

Cada padre cristiano de un hijo varón quiere que ese niño venga a un lugar de arrepentimiento y fe genuinos. Sigue orando por él, enseñándole las Escrituras, analizando tu cosmovisión cristiana, ejemplificando la verdad y aclarando el evangelio. Tanto mi esposa como yo oramos sin cesar para que nuestros hijos llegaran a la fe salvadora en Cristo. Y por la gracia de Dios, nuestros dos hijos profesan una relación genuina con Jesucristo y, hoy en día, dan muestras de lo que parece ser evidencia de un arrepentimiento genuino y una fe que permanece. Alabamos a Dios por esto, y mi oración es para que tú puedas decir lo mismo de tus hijos.

A continuación se encuentran algunos aspectos del sentido común espiritual para aplicar los principios y las preocupaciones que acabamos de mencionar.

Nunca tomen el pecado a la ligera

En nuestra cultura, es fácil reírse de las cosas que ponen a Cristo en una cruz. Haz tu mejor esfuerzo para que esto sea tabú en tu hogar. Esto repercutirá en las películas que permites ver en tu hogar. Se probará por lo que te hace reír. Tus hijos están observando. Sé implacable respecto a tener en cuenta el terrible precio del pecado humano y la rebelión, y nunca le restes importancia al pecado.

Esto también impactará la forma en que respondes a las transgresiones en tu propio hogar. Asegúrate de no decir jamás: «Está bien» o «No hay problema» cuando tiene lugar una confesión de algo indebido que hicieron contra otro miembro de la familia. Modela la realidad de que el pecado nunca «está bien» y siempre es un problema. El perdón bíblico no pasa esto por alto; en su lugar, busca una forma para otorgar el perdón. Enséñale a tus hijos con el ejemplo, diciendo: «Te perdono» cuando hay alguien que dice: «Lo siento».

Un hogar que de veras teme a Dios, en el sentido apropiado y bíblico, siempre será sensible al pecado. Los miembros de ese hogar no verán como sus héroes a depravados ni celebrarán cosas que entristecen a Dios. Considera el pecado como lo que es, y enséñales a tus hijos que hagan lo mismo.

Haz de la participación en la iglesia una prioridad principal

Asegúrate de que tus hijos participen de manera activa en la iglesia. Haz esto sin hipocresía. Asegúrate de participar de manera fiel y activa tú también. La iglesia es la comunidad espiritual que Dios ordenó para alimentar la vida espiritual de tu familia. Elige una que esté a una razonable distancia y conéctense. Deja las excusas y date cuenta de que la experiencia de tu hijo en la iglesia es formativa en su comprensión del cristianismo a largo plazo.

Si no te entusiasma mucho tu iglesia, si tu asistencia es irregular o eres leal a una iglesia deficiente que no predica la Palabra de Dios ni te desafía a ti ni a tu familia en su crecimiento espiritual, toma las decisiones difíciles y consigue una en la que necesitan estar los miembros de tu familia. Esta clase de decisiones quizá sean dolorosas al principio, pero con el tiempo mirarás atrás y te preguntarás por qué te demoraste tanto para cambiar.

Modela la prioridad de la iglesia cuando viajan

Uno de los errores más grandes que podemos cometer los padres, y que a menudo se pasa por alto, es lo que hacemos el domingo por la mañana cuando estamos de vacaciones. Cuando tu hijo ve que no asistes al servicio de la iglesia porque no estás en tu casa ni en tu iglesia, ¿sería raro que deje de asistir a la iglesia cuando se vaya de la casa y ya no esté cerca de su iglesia local?

Ve a la iglesia y lleva a tu familia cuando están fuera. Sé que es tentador usar toda la tecnología actual para ver el servicio dominical de tu iglesia cuando están en alguna ciudad distante, pero le estás enseñando algo a tu hijo mediante esa sencilla decisión. Muéstrales que te sientes motivado a buscar la mejor iglesia que haya en esa ciudad que enseñe la Biblia y que estás ansioso por montarte en el auto alquilado y unirte a la adoración a Cristo con tus hermanos y hermanas de otro lugar. Me he dado cuenta de que en estas aventuras espirituales de vacaciones siempre salimos felices de haber hecho la inversión, unas veces con grandes ideas sobre cómo mejorar nuestra iglesia local, y en otras solo agradecidos por nuestra iglesia local. Lo que es más importante, les he enseñado algo a mis hijos con mi ejemplo: sin importar dónde Dios pueda moverme, su Iglesia será mi prioridad.

Exige disciplinas espirituales cuando pagas las cuentas

A menudo atiendo a padres que me visitan preocupados por el desinterés espiritual de su hijo. «¿Debo obligarlo a que lea la Biblia?». «¿Debemos presionarlo para que asista a la iglesia?». «En realidad, no quiere ir a ese campamento de la iglesia, ¿debemos insistir en que vaya de todas maneras?». ¡Sí, sí, sí! Esa es la respuesta corta. Mi respuesta mediana es: «¿Qué haces cuando tu hijo no quiere hacer la tarea de matemática?». «¿Cuál es tu respuesta cuando no quiere ir a la escuela?». «¿Cómo respondes cuando te dice que no quiere ir a tomar sus exámenes?».

«Bueno», podrías decir, «no quiero que deteste la Biblia ni la iglesia en la forma que detesta la matemática o las clases de matemática». Sin embargo, la matemática es importante, así que sigues insistiendo. Lo obligas porque eso que se está resistiendo a aprender es importante para él. ¿Cierto? Cuando mis hijos eran pequeños, antes de que tuvieran la oportunidad de responder con un «No quiero ir», pero sin estar seguros de lo que querían hacer, les decía: «Niños, en esta casa hay que hacer algunas cosas: todo el mundo se baña, se lava los dientes, usa desodorante, lee la Biblia, asiste a la iglesia y sirve en la iglesia. Mientras vivan aquí, ¡eso es lo que van a hacer!».

Quizá esto parezca de la vieja escuela, pero que sea así. Si tú pagas las cuentas, tienes el derecho de poner las reglas con respecto a lo que los habitantes de tu casa harán en cuanto a la Biblia y la iglesia. Pon a tus hijos en un lugar donde encuentren la verdad, incluso si todavía no son salvos o no desean serlo. Así como lo harías si tus hijos se rebelaran contra algún otro principio importante en tu hogar, exige esto con firmeza y amor por su propio bien.

Haz que tus hijos lean buenos libros cristianos

Desde que eran muy pequeños, les leíamos buenos libros cristianos a nuestros hijos. A medida que crecían, les exigíamos que leyeran libros cristianos importantes. Por supuesto, la Biblia es el Libro más importante que debe leer nuestra familia. Antes de que nuestros hijos pudieran hablar, ya les leíamos. Les leíamos una gran variedad de buenas Biblias para niños y, luego, le añadíamos a esa lectura una serie de libros apropiados para su edad sobre temas cristianos y biografías de hombres cristianos.

Incluso, en sus años del instituto, nuestro tiempo de desayuno era el momento y lugar donde mi esposa leía un capítulo de un buen libro cristiano que escogíamos de acuerdo al nivel de comprensión de nuestro hijo menor. Los comentarios y los debates que tenían lugar después de la lectura a menudo iban más allá de la comprensión de nuestro hijo menor, pero la exposición a la doctrina cristiana y a las historias de los misioneros demostró ser un tiempo bien empleado. Mientras desayunaban cada mañana, mi esposa leía un nuevo título. ¡Qué gran forma de aprovechar el tiempo! Mucho mejor que desperdiciarlo con la televisión o leyendo la parte de atrás de una caja de cereal. Haz que lean cosas buenas leyéndoles tú.

Mi oración es que al hacer esto, junto con una serie de otras inversiones espirituales planificadas de manera estratégica que recorrimos, descubras que has preparado a tu hijo en el camino que debe seguir ¡y por la gracia de Dios «aun cuando sea viejo no se apartará de él» (Proverbios 22:6)!

UN HOGAR QUE FORJA HOMBRES PIADOSOS

Mientras escribo este capítulo, se está construyendo el rascacielos más grande de San Francisco. Esta nueva adición al *South Market Distric*, la *Salesforce Tower*, promete que tendrá trescientos veintiséis metros de altura, por lo que sobrepasará con facilidad la icónica Pirámide Transamerica, que «solo» tiene doscientos sesenta metros.

El año pasado, las empresas de construcción intentaron asegurar que esta nueva torre sin precedentes se mantendría durante muchos años en esta parte propensa a terremotos de nuestro país. Para hacer esto emplearon dieciocho horas una tarde nublada de domingo echando lo que parecía ser una cantidad interminable de concreto en un enorme cráter en el lugar de la construcción, en *Mission Street*. Cuando terminaron todo, se supo que la base estaba hecha de veintidós millones de kilos de concreto vertidos en una armazón de acero de más de dos mil kilos.

Todo esto nos recuerda que los fundamentos son importantes, en especial en un mundo turbulento. Tu hijo necesita una estable plataforma de lanzamiento, la cual se encuentra en un hogar fuerte y sólido. Esa oración puede hacer que uno de los padres diga «¡Uf!», si está sintonizado con las muchas imperfecciones presentes en cada hogar humano. El objetivo de este capítulo no es desalentarte con un estándar imposible, sino motivarte a hacer lo que puedas a fin de mejorar las experiencias hogareñas de tu hijo, de modo que su experiencia general de la infancia lo motive a convertirse en un hombre productivo e influyente para Cristo.

LA PRIMACÍA DE TU MATRIMONIO

La primera relación humana que se creó fue entre el esposo y la esposa. Dios no creó la relación padre o madre-hijo, y luego añadió al otro cónyuge para completar las relaciones familiares. La relación matrimonial se diseñó para ser primaria. Como ya señalamos, la relación matrimonial también se diseñó para que durara toda la vida, en contraste con la relación de crianza, que debe durar hasta que el hijo salga del hogar para casarse. El matrimonio también se creó para ser primario en su importancia. Las palabras de Génesis 2:24, junto con el resto de lo que la Biblia enseña sobre el matrimonio, deja claro que «unirse» al cónyuge es una clase de conexión que debe valorarse como una suprema relación terrenal en la familia. El vínculo relacional que Dios diseñó para el matrimonio al principio, pudiera decirse, fue primero en tiempo, primero en duración y primero en prioridad.

Esto dice mucho acerca de la manera en que un hogar debe verse y operar. La función de los miembros de una familia debe demostrar con claridad la primacía de la relación matrimonial. El solo hecho de ponerlo en esos términos puede servir como un despertador para muchos hogares cristianos. A pesar de que introduje este capítulo con la observación de que nuestros hijos se desempeñan mejor cuando salen de un hogar fuerte y, por tanto, de un hogar con un matrimonio fuerte, necesitamos asegurarnos de no considerar el enfoque en nuestro matrimonio como el medio para lograr un objetivo. Sí, es cierto que el futuro de nuestros «hombres en proceso» se está formando por la relación que observan entre mamá y papá, pero solo por algunos minutos consideremos la importancia del matrimonio por amor a Dios, no a nuestros hijos.

Reconsidera la solemnidad del matrimonio

De seguro que Dios no tenía que crear el matrimonio como lo conocemos, pero lo hizo. Es obvio que el Señor decidió que este vínculo sagrado, íntimo y permanente entre el esposo y la esposa fuera una demostración del tipo de relación que lo glorifica y que refleja su carácter. Deseaba que fuera, como se observa de manera explícita tanto en el Antiguo como en el Nuevo Testamento, una demostración de la forma en que Dios nos ama y de la relación de pacto que tiene con su pueblo. El paralelo que a menudo se menciona de Cristo y la Iglesia, y las esposas y los esposos, no solo debe verse como una forma bíblica de enseñarles a los cristianos cómo tener mejores matrimonios, sino como afirma Pablo: «Esto es un misterio profundo; yo me refiero a Cristo y a la iglesia» (Efesios 5:32, NVI®). En otras palabras, el matrimonio en sí mismo existe sobre todo porque Dios quiso mostrar la profundidad con que Él se relaciona con la Iglesia, su pueblo escogido.

Si eso no eleva el respeto y la estima por tu matrimonio, no sé qué lo hará. Si eres casado, estás en una relación que necesitas admirar y valorar, no porque sea perfecta ni porque esté llena de buenos sentimientos cada día, sino porque es la única y santa relación de pacto entre los seres humanos. Por tanto, no es de extrañar que esté bajo un tremendo ataque en nuestra era moderna. Aquí tenemos a una institución que Dios diseñó para mostrar algo de su amor por su pueblo redimido y que ha permanecido por siglos a lo largo de la historia humana, pero que en nuestros días vemos a Satanás tratando de cambiar sus reglas y manchar su reputación.

Háblales bien del matrimonio a tus hijos

Una forma de mostrar respeto por el matrimonio es terminar con todas esas bromas sobre nuestros hijos para que no tengan un noviazgo hasta los treinta. Eso está en boga, en particular entre padres cristianos de chicas. En los últimos meses puedo recordar al menos cuatro piadosas parejas cristianas que hablaban de sus hijas y se referían a la manera en que rechazaban a cualquier joven que podría estar interesado en ellas. Puede provocar risa, pero considera el costo. La retórica en contra del noviazgo y el matrimonio que encontramos a menudo en la forma de pensar dentro de la cultura cristiana (que muchas veces tiene sus raíces en la proyección derrotista que los padres les transmiten a los hijos y que casi siempre se debe a sus propios fracasos amorosos del pasado), contribuye en sí a que los niños de nuestra iglesia reflejen las tristes estadísticas contrarias al matrimonio del resto del mundo.

Nuestra cultura no solo desiste cada vez más del matrimonio, sino que quienes todavía deciden comprometerse en esta sagrada relación de pacto la posponen mucho más allá de lo que es saludable para sus futuros hijos (en el capítulo 8 veremos más sobre esto y todo el tema del noviazgo y del matrimonio).

Hoy en día, el matrimonio se inicia más tarde en la vida que nunca antes, y la edad para casarse por primera vez se acerca con rapidez a los treinta. Es trágico ver cómo el cumplimiento del deseo de nuestro hijo de postergar el matrimonio se convierte de inmediato en oraciones desesperadas para que nuestro hijo, ya adulto, encuentre una esposa y comience una familia. ¡Ay!

Por el contrario, hablemos muy bien del matrimonio con nuestros hijos desde una temprana edad. Habla de manera positiva con tu hijo sobre su futuro matrimonio. Habla de la gran bendición que es estar casado. Toma las pistas de los proverbios inspirados por Dios sobre la crianza de los hijos y hazte eco de esos sentimientos con frecuencia:

El que halla esposa halla algo bueno y alcanza el favor del SEÑOR. (Proverbios 18:22)

La mujer virtuosa es corona de su marido. (Proverbios 12:4a)

Casa y riqueza son herencia de los padres, pero la mujer prudente viene del SEÑOR. (Proverbios 19:14)

En esos momentos en que le das gracias a Dios por tu cónyuge, permite que tu hijo escuche tu acción de gracias. Cuando te sientes bendecido por algo que hizo tu cónyuge, muéstrale esa alegría a tu hijo. Esto no solo resalta lo mejor de esa relación sagrada, sino que también le proporciona a tu hijo un tremendo sentido de seguridad.

Entonces, ¿qué me dices de...?

LA FALTA DE RESPETO POR EL MATRIMONIO

En algún momento, tus hijos quizá se pregunten si el matrimonio vale la pena o si incluso tú te ocupas de tu cónyuge (su mamá o papá). He aquí la razón. En 1960, el 84% de la clase trabajadora de Estados Unidos estaba casado. En la actualidad, puedes invertir esos números, solo el 48% de la clase trabajadora de Estados Unidos es casada. La tasa de divorcio ha aumentado en un 300% desde 1960[1]. El número de hijos nacidos de madres solteras ha subido del 4% en 1940 al 40% en la actualidad[2], a pesar del surgimiento de numerosos métodos de control de la natalidad. Sin mencionar que nuestra cultura ya no considera el divorcio como la violación grave de un voto solemne como lo fue alguna vez.

El matrimonio está bajo ataque, pero tú y tu cónyuge pueden lanzar un contraataque delante de sus hijos y de otros también. Habla bien del matrimonio siempre que sea posible, y vive esa relación sagrada y priorizada que Dios quería que fuera. Habla bien de tu cónyuge y de tu amor por ella (o él) delante de tus hijos. Termina con los chistes de «grilletes y cadenas» ante compañeros de trabajo y vecinos, y elimina de tu conversación cualquier frase degradante sobre tu cónyuge que siempre pueda hacer reír.

Lo más importante, ten el matrimonio en alta estima, orando a diario no solo por la fortaleza y salud de tu propio matrimonio, sino también por los matrimonios de tus amigos, los matrimonios en tu iglesia y los futuros matrimonios de tus hijos varones.

Recuérdales a tus hijos que tu cónyuge está primero

Por contradictorio que parezca, asegúrate de que tus hijos sepan que tu cónyuge es tu primera prioridad. Esto no parece una buena idea cuando quieres afirmar o animar a alguien si se trata de cualquier otra relación, pero en sus relaciones como padres es justo lo que necesita escuchar tu hijo. Si deseas brindar el tipo de seguridad y confirmación que todos los niños necesitan por naturaleza, es hora de que veas la sabiduría que hay en decirle sin rodeos que él *no* es tu prioridad número uno.

Esta es una herejía moderna para los padres, lo sé. Pero bueno, es la verdad, o al menos debería ser la verdad. Debido a que Dios diseñó el matrimonio para ser el primero en el tiempo, primero en duración y primero en prioridad, cuando tu hijo está en una familia que se adhiere al diseño de Dios, ¡florecerá! Tu hijo varón se fortalece y prepara para el futuro cuando no solo demuestras con tus palabras, sino también con tus decisiones diarias, que tu pareja de pacto es el compromiso terrenal primario en tu vida.

Cuando esto se vira al revés, o cuando se afirma solo con nuestras palabras pero no con nuestras vidas, sufriremos la plaga de la familia moderna; es decir, el hogar centrado en los hijos. Los hijos arrogantes, egoístas, malcriados y egocéntricos se cultivan en un hogar donde están convencidos de que son la prioridad número uno. Somos testigos de los efectos de esto en cada rincón de nuestra sociedad. Entra a un supermercado, al vestíbulo de un hotel, a un centro comercial o, lo digo con tristeza, a muchas iglesias, y encontrarás niños que dan órdenes y adultos que parecen seguirlos a todas partes. Cada uno de estos niños tiene una corona de oro en su cabeza. Son los soberanos absolutos de su reino doméstico y lo saben.

Esta es la pecaminosa y perversa realidad de demasiados hogares, y también es el caso de muchos que profesan a Cristo y afirman que la Biblia es su guía. Sin embargo, puedes revisar cada página de la Escritura y no encontrarás nada que apoye, ni siquiera remotamente, el papel de reyes que muchos niños pequeños adoptan en las familias de hoy en día. Los piadosos hogares cristianos son dignos y bien administrados, con niños que son fieles y obedientes a sus padres, no líderes del nido, como si fueran el centro de su universo doméstico (1 Timoteo 3:4; Tito 1:6). Por supuesto que la instrucción de nuestros niños para alcanzar este equilibrio doméstico involucrará una buena dosis de amor y también de corrección firme, de lo cual hablaremos en el próximo capítulo.

Invierte en tu matrimonio

Un matrimonio que se convierte en la base de la niñez enriquecedora de tu hijo de seguro requerirá una inversión regular de tu tiempo y recursos. Uno de los principios de un esposo y una esposa que invierten en su matrimonio es la práctica simple y coherente de una salida nocturna. No puedo citar un capítulo ni un versículo en la Biblia que lo ordene, pero es difícil imaginar que un matrimonio en nuestro mundo ocupado sea una relación valiosa y prioritaria si no se aparta y se reserva de manera regular un tiempo para el cónyuge.

Es probable que la relación con tu cónyuge comenzara y se cultivara fijando citas para salir y cumpliendo con las mismas. Su relación se mantendrá y mejorará si continúan con la misma práctica. Lo sé, lo sé, vives con tu cónyuge y le ves cada día. Conocí a mi futura esposa cuando estaba en el instituto. Recibíamos clases juntos. La veía todos los días. Estoy seguro de que no habríamos pasado de ser compañeros de aula si no hubiéramos salido juntos ni hubiéramos invertido el uno en el otro. Sí, ves a tu cónyuge cada día, pero para cultivar y profundizar tu relación, debes incluir esas citas en tu calendario y cumplirlas.

Cuando uno tiene un hijo pequeño, esto puede representar todo un reto. Aun así, tienes que aceptar ese reto y esforzarte para asumirlo. En el primer capítulo hablamos un poco de dejar a nuestros hijos bajo el cuidado de otras personas. Con toda seguridad, una salida nocturna semanal es una de las razones más importantes para dejar que otra persona cuide a tu hijo, ya sea un abuelo, una amistad o una niñera de confianza. Incluso, si llora cuando ve que te marchas, vence la ansiedad de la separación que llena tu corazón y dile: «¡Buenas noches, voy a salir con tu mamá!». Recuerdo a mis hijos llorando, con una actitud de «nos están matando al dejarnos aquí», cuando llegaba la hora de salir a nuestra cita semanal. A menudo me arrodillaba a su lado, tomaba su pequeña carita en mis manos y le decía: «Esta noche voy a salir con tu mamá, y espero que cuando seas papá, salgas con tu esposa cada semana, ¡a pesar de que mis nietos te supliquen que no lo hagas!». Esa era mi forma un tanto humorística de tratar de sembrar en sus pequeñas mentes la primacía del matrimonio, tanto del mío como el de ellos en el futuro.

Por supuesto, hay mucho más que podría decirse acerca de tu inversión en el matrimonio. Si no tienes muchas pistas acerca de cómo puedes hacerlo, escoge un buen libro cristiano sobre el matrimonio, o solo ten la sinceridad suficiente como para preguntarle a tu cónyuge: «¿Qué puedo hacer para convertirte en una mayor prioridad en mi vida?». Y cuando tengas las respuestas, asegúrate de poner esas cosas en práctica de una forma que repercuta en todo tu hogar. Asegúrate de que tu hijo pueda sentir de veras que estás comprometido a amar, servir y priorizar a tu pareja de pacto en el matrimonio.

EL EJEMPLO EN LOS PAPELES CONYUGALES

Es muy probable que tu hijo sea llamado a ser esposo y, por tanto, tendrá que reflejar el papel dado por Dios y que su papá ahora se esfuerza por servirle de ejemplo ante sus ojos cada día. Padres, esto los presiona a asegurarse de que le están proveyendo un ejemplo bueno y piadoso de cómo debe verse el liderazgo cristiano en el hogar, en este mundo moderno donde vivimos. Madres, ustedes también deben sentir una presión adecuada en este sentido. Tus hijos aprenderán mucho acerca de cómo se desempeña una esposa buena y piadosa en un matrimonio, y cómo interactúa con su esposo. Ustedes, madres, fijarán el estándar de cómo debe ser una esposa cristiana. Tu hijo se basará en lo que vio en ti para escoger a su propia esposa.

La autoridad bíblica

Si piensas que este subtítulo es una combinación de palabras ofensivas, no estoy seguro de que pueda ayudarte mucho en esta breve sección. Te quiero animar a que investigues y trates de entender la armonía perfecta de papeles que se complementan, la cual Dios diseñó y ordenó para cada relación matrimonial[3]. Sin embargo, dando por sentado que puedes apreciar la sabiduría lógica e impecable a la perfección del recordatorio que Dios hace con respecto a que cualquier criatura de dos cabezas es monstruosa, tienes que reconocer que papá necesita modelar el papel de líder amoroso y sacrificial que necesita cada familia.

Papá tiene que liderar. Necesita planificar. Necesita asumir una responsabilidad máxima por el bienestar de su hogar. Demasiados hogares «cristianos» tienen a hombres pasivos a la cabeza, que solo son líderes de nombre. Por supuesto, no estoy promoviendo una toma de decisiones dictatorial; solo digo que demasiados papás muestran mucho cuidado, creatividad y pasión en su liderazgo en el trabajo, pero, en seguida que pasan el umbral de su casa, bajan la guardia y actúan como niños grandes. En ausencia del liderazgo masculino en el hogar, a la mamá no le queda otra que levantar el manto, lo que desafortunadamente socava y frustra un centenar de aspectos menores de un matrimonio y un hogar eficaz. Cuando papá abdica de su papel de liderazgo, toda la familia sufrirá. Y quizá lo peor de todo sea que el patrón de esposos pasivos y padres que se ausentan es muy probable que se repita en la próxima generación, cuando su hijo aprenda cómo se supone que debe operar un hogar «cristiano».

Papá, te animo a que asumas la responsabilidad y a que sientas la obligación de liderar a tu familia hacia el futuro. Toma control de las finanzas y comienza a ahorrar para los imprevistos que se presentarán. Crea estrategias para satisfacer lo mejor que puedas las necesidades de cada miembro de la familia. Piensa en el próximo verano, en las próximas Navidades, en el próximo año. ¿Qué necesitas reparar, arreglar, asegurar o sustituir? Descubre las necesidades a largo plazo de cada miembro de la familia, diseña un plan y esfuérzate para mejorar sus vidas. No seas autocrático, rudo ni totalitario. No necesitas eso para ser decidido, estratégico y previsor. Sé un ejemplo para tu hijo de que un líder cristiano lidera con un corazón perspicaz y, a pesar del alto costo que representa, busca el bien de quienes lidera. Esta es la verdadera autoridad bíblica.

La sumisión bíblica

Así como los esposos pueden temblar ante la palabra A presentada en los últimos párrafos, las esposas pueden encogerse de miedo ante la palabra S. Sé que la sumisión está fuera de moda y se considera arcaica, pero seamos maduros y reconozcamos que toda la retórica desdeñosa contra el diseño de Dios para las esposas no es otra cosa que otro intento de nuestro enemigo mentiroso para robarnos el ideal de una vida matrimonial satisfactoria.

Esto se trata de una vida matrimonial como se supuso que fuera. Confieso que me casé con una mujer muy fuerte e inteligente. Carlynn es una líder eficiente, una conferenciante poderosa y una tenaz consejera bíblica. No obstante, si tienes la oportunidad de hablar con ella, pregúntale si la sumisión bíblica a tu esposo es una bendición o una maldición. No hay duda de que alabará a Dios por la profundidad de su sabiduría y conocimiento (lee Romanos 11:33). También te dirá, como podrían hacerlo un millón de otras mujeres fuertes e inteligentes que han existido en la historia de la iglesia, que no hay un arreglo mejor, ni más ventajoso, que el de una mujer que se somete con amor al liderazgo de su esposo.

Puede que, como hacen muchas en este punto, objetes que este arreglo solo resulta cuando el esposo es un líder bueno y piadoso. Estamos de acuerdo, eso hace las cosas menos intimidantes. Sin embargo, como muchas esposas cristianas pueden atestiguar (Carlynn incluida), incluso cuando el esposo es cualquier cosa menos sabio, aprender a navegar las aguas turbulentas de la vida con tu esposo, mientras cumples el papel que Dios te asignó de ser una esposa sumisa, es mucho mejor que cambiar el plan de Dios por el plan del mundo.

Esposa, sé un ejemplo para tus hijos de cómo se comporta una esposa amorosa y comprensiva. Busca el liderazgo y el consejo de tu esposo. Aplaude su liderazgo y expresa sin rodeos tu confianza en su amor, su cuidado y su provisión para la familia. Lucha contra la tentación de convertirte en una esposa preocupada y ansiosa. Cultiva tu confianza absoluta en la supervisión soberana de Dios sobre tu vida y la de tu familia. Ora todo el tiempo, en privado y en público, por tu esposo. Halágalo con frecuencia. Permite que tus hijos te escuchen alabando a tu esposo por el bien que le hace a tu familia. Permite que el respeto y la admiración por el hombre con quien te casaste sea un recuerdo familiar que tu hijo lleve consigo a su vida adulta. Esto no solo es bueno y justo, sino que también marcará una gran diferencia en la decisión de quién se convertirá en tu nuera.

AFIRMA LA MASCULINIDAD DE TU HIJO

Adelanta el reloj varios años en tu mente e imagínate a tu hijo como el esposo fuerte y el padre capaz que anhelas que sea. Esa clase de fortaleza masculina y segura de sí misma necesita fomentarse ahora, poco a poco, mes tras mes, y año tras año. Aplaude cada paso significativo de liderazgo valiente y altruista. Puede que tu hijo sea un niño ahora, pero lo estás criando para que se convierta en un hombre, de modo que debes celebrar cualquier movimiento en dirección a una influencia y un liderazgo valiente, fuerte y considerado.

Nuestro mundo no te ayudará en esto. Los hombres y casi todas las expresiones de su liderazgo masculino son objeto de burla en las series televisivas y en los anuncios. A menos que se trate de películas de acción muy violentas, los hombres fuertes quedaron fuera, y los hombres débiles y pasivos han pasado a ocupar el escenario. Incluso la manera en que los educadores tratan a nuestros niños de seguro que es contraria a su masculinidad y a sus expresiones de fuerza[4]. Por lo tanto, recuerda que si no alabas a tu esposo cuando muestra iniciativa, fortaleza y valor, es probable que tu hijo nunca muestre esas cualidades. Afirma a tu esposo delante de tu hijo.

Está claro que no me refiero a que cada niño tiene que convertirse en estrella de fútbol. Las expresiones de la masculinidad bíblica no se definen de manera tan específica como las de un «apoyador» medio del fútbol americano. Puede que tu hijo nunca use una camiseta deportiva o nunca juegue en un equipo de fútbol, ¡ese no es el punto! Cultivar a los hombres de la generación futura incluye todos los tipos de temperamentos y personalidades. No obstante, en la economía de Dios, todos los hombres tienen el llamado a ser valientes, estratégicos y resueltos. Nuestros jóvenes deshonran el plan de Cristo para sus vidas cuando crecen contentos de ser débiles pasivos, a quienes no se les ha dado ningún equipo o aliento como hombres para pelear «la buena batalla de la fe» (1 Timoteo 6:12), ni para estar firme y capacitado en su generación «como buen soldado de Cristo Jesús» (2 Timoteo 2:3).

CUANDO EL HOGAR ESTÁ ROTO

Hasta este momento he tratado asuntos que tienen que ver con la plataforma de lanzamiento doméstica de tu hijo suponiendo que esta permanece intacta. Si es así, ¡alabado sea el Señor! Ora para que permanezca así. En cambio, si como en tantos hogares en la actualidad el divorcio quebrantó tu hogar y la aplicación de estos principios parece un reto mayor debido a la custodia compartida y a los horarios de visita, a los segundos matrimonios y, tal vez, a las familias mixtas, sigue leyendo.

La conclusión de lo que aparece a continuación es la siguiente: haz lo que puedas. Cuando se trata de poner estas cosas en práctica, haz lo que sea posible. Si estás criando a tu hijo sin un modelo masculino en tu familia, tendrás que pedir la ayuda y la influencia de un maestro de la Escuela Dominical que sea un hombre piadoso o de un líder del grupo juvenil, de un entrenador de las Ligas Menores, de un abuelo o de un tío. Puede que te parezca que crías a tu hijo con una mano atada a tu espalda. Esta puede ser una analogía acertada para la realidad que te espera, pero ora para hacerlo bien y para tener las habilidades suficientes a pesar de esa desventaja ineludible.

A lo largo de todo el proceso, asegúrate de evitar dos errores muy comunes y muy importantes. Primero, deja atrás tu ira. Es fácil centrar tus pensamientos en la idea de que tu vida doméstica es mucho más desafiante que la de la familia del frente. Puede que sea así, pero tu ira no ayuda (Santiago 1:20). Deja la ira y concéntrate en lidiar con la situación en que te encuentras. Ten presente que la fuente de esa ira es tu transgresión del décimo mandamiento. Recibiste el mandamiento de no codiciar (Éxodo 20:17). Deja de lamentarte por las ventajas que no tienes y hazte el propósito de buscar la voluntad de Dios en tu situación actual. No puedes cambiar el pasado, pero Dios promete caminar contigo hacia el futuro. Eso me lleva al segundo error común.

No te desanimes. Tal vez leyeras este último párrafo con una conciencia clara. No estás airada, pero te sientes abrumada. Tienes que darte cuenta de que eso tampoco ayuda. Lo que es peor, esta actitud te impedirá enfocarte con optimismo en lo mejor que tiene Dios para tu hijo. Cuando Dios nos dice a los cristianos: «Nunca te dejaré; jamás te abandonaré», la siguiente línea nos recuerda la actitud que debe acompañar a tales personas: «Así que podemos decir con toda confianza: "El Señor es quien me ayuda; no temeré. ¿Qué me puede hacer un simple mortal?"» (Hebreos 13:5-6, NVI®). Si esto es cierto (y por supuesto que lo es), necesitamos confianza mientras somos padres en un hogar destruido, no desesperación, abatimiento ni desaliento.

Recuerda que no estás solo ni sola por completo; ¡tu Compañero en esta tarea de criar a un hombre es el mismo Dios! Mantén un optimismo basado en la Biblia acerca de lo que Dios puede hacer en situaciones donde llevamos las de perder. Confesemos con el apóstol Pablo: «Y Él me ha dicho: Te basta mi gracia, pues mi poder se perfecciona en la debilidad» (2 Corintios 12:9).

EDIFICA A LOS HOMBRES DEL FUTURO EN LA VIDA DIARIA

Concluyamos con algunas maneras en que podemos ayudar a nuestros hijos a avanzar hacia la madurez como líderes confiables. Tal vez algunos de estos enfoques despierten en ti la llama de la creatividad como padres que cultiven la madurez hacia la hombría bíblica.

Las actividades al aire libre

Sin tratar de convertir esto en una guía para la creación de hombres machistas, permíteme sugerir que hay algunas grandes lecciones que aprender sacando a sus hijos afuera, conquistando temores y aprendiendo a ejercer dominio en un contexto al aire libre. Confieso que no me gusta acampar. Me gusta que mis noches de vacaciones incluyan un elevador y una máquina de hacer hielo.

Dicho esto, tuve mi cuota de noches en tiendas de campaña y de ir de mochilero durante mi niñez, y valoro la confianza que desarrollé mientras aprendía a sobrevivir en los «elementos».

Con toda seguridad, esto lo leerán personas que viven en un contexto muy diferente al mío y puede que los anime a llevar a sus hijos a vivir una aventura en una cacería de jabalíes salvajes. Muy bien. No obstante, incluso si vives en una ciudad con pavimentos resbaladizos como la mía, puedes valorar la idea tomada de los viejos tiempos de hacer una acampada en el patio el viernes por la noche. Recuerdo cuando hice esto con mis hijos en la pequeña casa móvil que tenía cuando vivíamos en condado de Orange, y de seguro puedo afirmar que ofrece una experiencia rústica a la vida de tus hijos que no podrían tener durmiendo en sus literas. También existen diversas excursiones, acampadas y grupos de aventuras al aire libre disponibles para que tus hijos participen, si no de manera regular, al menos de vez en cuando.

Explorar el parque del vecindario, hacer recorridos en bicicleta o viajar a un parque nacional, son todas excelentes experiencias para tu hijo, pues aprende a conquistar sus temores de la infancia y se vuelve cada vez más competente en ambientes nuevos e inexplorados.

Los campos de deportes

Como mencioné antes, no todos los niños son atletas talentosos. En mi familia, mi hermano era la estrella del deporte; yo me inclinaba a la música y al arte. Sin embargo, me siento muy agradecido de que gracias a la influencia de mi hermano y a las oportunidades que me dieron mis padres, pude unirme a algunos equipos deportivos, y durante la infancia tuve la experiencia de asistir a prácticas deportivas, prepararme para los partidos, competir, ganar y perder. Fueron buenas experiencias que contribuyeron a formar mi carácter. No sobresalí en ningún deporte, pero incluso el hecho de estar sentado en el banquillo del equipo de baloncesto en séptimo grado me enseñó cosas de las que me he beneficiado como hombre.

Me viene a la mente la biografía de una gran estrella del deporte británico, el talentoso jugador de críquet de Cambridge, C.T. Studd, que vino a Cristo hace más de cien años y después cambió el mundo de las misiones cristianas. Su biógrafo escribió:

> C.T. nunca se arrepintió de haber jugado críquet (aunque lamentaba que permitió que se convirtiera en un ídolo). Al aplicarse al juego, aprendió lecciones de valentía, abnegación y resistencia que, después que consagró su vida por completo a Cristo, se usaron en su servicio. El hombre que hizo todo lo posible para convertirse en un experto jugador de críquet, luego hizo todo lo posible para glorificar a su Salvador y extender su reino[5].

Como padre que nunca fue una estrella del deporte, todavía necesitaba que mis hijos varones se unieran a un equipo deportivo. En realidad, no me importaba cuál de los principales deportes jugaran, solo quería que tuvieran las experiencias beneficiosas que provienen de jugar. Estaba más que feliz de que los abandonaran después de una o dos temporadas, sabiendo que los rigores de las prácticas, las expectativas de los entrenadores y la presión de los días de juego los agotaría; pero así mismo sabía que esas exigencias también representarían un papel en la formación de quiénes serían como hombres. Da la casualidad que ambos se destacaron en varios deportes y terminaron recordándome a los niños que me mantuvieron en el banquillo durante gran parte de mi infancia.

El escenario

Agrego el escenario a los lugares importantes donde nuestros niños aprenden algunas de las habilidades para convertirse en hombres, no porque fuera mi preferencia como músico de pequeño, sino porque descubrí que estar parado en un recital o en una actuación de algún tipo también es una experiencia que enseña valentía, determinación y decisión.

Aprender un instrumento durante la infancia es una forma obvia de guiar a tu hijo hacia esta experiencia. Al igual que con los deportes, me doy cuenta de que hay dones y talentos que algunos niños no tienen en sí cuando se trata de la música, pero de todos modos se los requerí a mis hijos. No tenían que convertirse en músicos, pero quería que aprendieran a leer música, experimentar el tedio de practicar un instrumento y tener la participación personal al sentarse en una plataforma y actuar ante un público. Estaba más que feliz de que mis hijos abandonaran su orquesta o banda juvenil después de su primer o segundo año, pero ambos disfrutaron de la experiencia, se compenetraron con otros instrumentos y ahora son lo bastante hábiles como para sentarse de manera competente para ayudar a dirigir la alabanza en la iglesia cuando sea necesario.

El escenario también puede ser un lugar para actuar y hablar. Muchas iglesias brindan la oportunidad de que nuestros niños se suban al escenario durante un programa de Navidad o una obra de Semana Santa. Este era otro ejercicio obligatorio para mis hijos. Incluso si no tenían talento para cantar solos (y no lo tenían), quería que probaran con los papeles de narradores, que aprendieran las frases y participaran en la producción. Aunque ninguno de mis hijos fue muy lejos en esto, creo que recitar frases en un escenario con un micrófono aumentó su confianza, lo que ahora da sus frutos, ya que mis dos hijos se han convertido en competentes maestros de la Palabra de Dios y se paran sin perturbarse delante de cientos de jóvenes para predicar la Biblia.

—4—

FRENA LA REBELIÓN DE SU CORAZÓN PECAMINOSO

Una hora de observación en la guardería de la iglesia o en cualquier guardería local disipará cualquier ilusión de que los niños nacen con una inclinación a hacer lo bueno y una aversión a hacer lo malo.

Por el contrario, como afirma la Biblia, debemos aceptar lo más pronto posible que los niños son pecadores por naturaleza. Es fácil asentir cuando escuchamos esto si se trata del hijo malcriado de otra persona, pero como padres nos resulta mucho más difícil estar muy de acuerdo cuando se trata de nuestros propios hijos.

PECADORES POR NATURALEZA

Nunca seremos verdaderos padres amorosos hasta que nos esforcemos en eliminar este punto ciego congénito: nuestros hijos, al igual que nosotros, son pecadores. Nuestro Dios está tan preocupado por la santidad y tan ofendido por el pecado que incluso cuando se trata de sus propios hijos redimidos y adoptados, los pensamientos, palabras y acciones pecaminosos de estos le causan tristeza y dolor (Efesios 4:30-31), y aumentan sus preocupación. Qué vergonzoso sería para nosotros permitir que el amor por nuestros hijos nos ciegue a su rebelión. Qué diferentes seríamos de nuestro Padre si pasáramos por alto el pecado de nuestros hijos y fingiéramos que no es un problema serio.

Insisto en que no podemos amar de veras a nuestros hijos sin esta sensibilidad, sobre todo porque el pecado tiene consecuencias en la vida diaria y en cómo impacta a Dios. Piensa por un momento lo bueno que sería para nuestros hijos si estuvieran preparados para decirle *no* al pecado y *sí* a lo que es bueno. Esta fue la benigna preocupación del Señor por sus hijos, cuando observó su respuesta positiva a sus instrucciones durante los días de Moisés: «¡Oh si ellos tuvieran tal corazón que me temieran, y guardaran siempre todos mis mandamientos, para que les fuera bien a ellos y a sus hijos para siempre!» (Deuteronomio 5:29).

Una razón por la que debemos asegurarnos de darnos cuenta y afligirnos por el pecado de nuestros hijos es porque «segará corrupción» en sus vidas y en las de otros (Gálatas 6:8). Algunos con una elevada perspectiva del evangelio de la gracia podrían objetar este punto. ¿Acaso este intento de preparar a nuestros hijos para guardar las leyes de Dios no es legalismo, moralismo o algún otro «ismo» que deshonra a Cristo?

GUARDAR LAS REGLAS ANTES DE CONVERTIRSE

Como destaqué en el capítulo 2, nuestros hijos no vienen salvos, perdonados y llenos del Espíritu Santo a este mundo. En algún momento de su desarrollo, cada uno debe estar de forma individual bajo una verdadera convicción del Espíritu Santo, experimentar el arrepentimiento genuino y la fe sincera, y rendirse a la misericordiosa redención que Dios Padre les proveyó a través de la muerte sustitutiva de Jesucristo. Todo esto es por gracia, por el deseo de Dios de atraernos a sí mismo, perdonarnos, transformarnos y adoptarnos.

Si fuéramos a hablarles a las personas sobre hacer lo bueno para alcanzar la salvación, les diríamos a los no cristianos que sus «buenas obras son como un trapo sucio» delante de un Dios santo (Isaías 64:6, DHH). Sin importar cuán buenos quizá se sientan cuando se comparan con otros pecadores, sus mejores esfuerzos «no alcanzan la gloria de Dios» (Romanos 3:23), y se justifican ante Dios solo «por la fe aparte de las obras de la ley» (v. 28). No obstante, si les habláramos a los cristianos redimidos acerca de hacer lo bueno, les recordaríamos que aunque no pueden ganarse la aceptación misericordiosa de Dios, su gracia siempre nos motiva y «nos enseña que debemos renunciar a la impiedad y a los deseos mundanos, y vivir en esta época de manera sobria, justa y piadosa» (Tito 2:11-12, RVC), y que cuando los cristianos nos comprometemos con «toda bondad, justicia y verdad», eso «es lo que agrada al Señor» (Efesios 5:8-10).

Esta es una distinción muy importante: la buena conducta como un medio para ganar o mantener una relación con Dios es *ofensiva* para Dios, pero la buena conducta dedicada para agradar a Dios de los que tienen una relación con Él es muy *apreciada* para Dios.

Cuando piensas en la institución de la familia, en tu papel como padre y en el estado de tus hijos antes de convertirse, no confundas un debate acerca de la justificación y la salvación con tu responsabilidad como padre de promover la buena conducta en su vida y de disciplinar la mala conducta. Este es tu papel. Esa debe ser tu expectativa. No hay que temerle a que crearás un pequeño legalista estableciendo y manteniendo la expectativa de que tu hijo debe obedecerlos a ustedes, sus padres. Cuando creas e implementas reglas justas, cumples tu deber como padre en la institución de la familia que estableció Dios. Este es el plan de Dios para los niños en todas las familias (Proverbios 20:11).

RECONSIDEREMOS LAS REGLAS

Como con toda autoridad, viene la responsabilidad. A fin de cuentas, toda autoridad le rinde cuentas a Dios, y el Señor siempre requerirá que ejerzamos nuestra autoridad con gran cuidado.

Sí, tienes que crear las reglas para la vida diaria de tu hijo. Debido a que la Biblia dice con claridad: «Hijos, obedezcan en todo a sus padres, porque esto agrada al Señor» (Colosenses 3:20, DHH), la forma en que responde a tus reglas afecta la manera en que Dios mira a tu familia. Cuando tu hijo desobedece tus reglas, desagrada a Dios, pero como el legislador, no quieres que nadie desagrade al Señor en las reglas que estableces. La Biblia también dice: «Padres, no provoquéis a ira a vuestros hijos» (Efesios 6:4). Eso es fácil de hacer cuando ejerces tu autoridad de una manera exasperante y frustrante.

Lo que voy a decir puede malentenderse con facilidad, y hasta descartarse, por los que nos conocen a mi esposa y a mí, pero lo cierto es que esta es la forma en que abordamos nuestro papel como los que establecen las reglas en nuestro hogar. ¡Creemos firmemente en hacer las menos reglas posibles! Sé que esto quizá les parezca difícil de creer a quienes nos conocen, pues casi siempre nos ven como sujetos a la ley y al orden. Supongo que lo estamos, pero es justo porque queremos que se cumplan las reglas en nuestro hogar que tenemos cuidado de no sobrecargar a nuestros hijos con demasiadas de ellas. En su lugar, hemos encontrado que es útil legislar unas pocas reglas importantes y luego trabajar para ser coherentes a la hora de aplicarlas.

Por ejemplo, queremos que nuestros hijos sepan que no es negociable y que tienen que respetar a sus padres, ser amables con otros, demostrar dominio propio, no quejarse y responder rápido a nuestro llamado. Sé que esta clase de «reglas generales» nos dan la posibilidad de estar dispuestos a la negociación que de seguro procurarán cuando creemos que violaron una de esas reglas. Sin embargo, creo que ese debate posterior a la infracción ha sido bueno para ayudar a nuestros hijos a pensar acerca de los tipos de conducta que son aceptables y los que no lo son.

La clave es no pasarse con la legislación. No abrumen a sus hijos con un montón de reglas pequeñas acerca de cada situación en la que tal vez se encuentren durante la semana. Recuerda que todo lo que establezcan como una regla del hogar, Dios lo tomará en serio y esperará que tus hijos también lo tomen en serio. Deja espacio en tu liderazgo legislativo a la clase de libertad que te darás cuenta que produce una habilidad deseada en su conciencia en desarrollo, de modo que consideren de veras lo que es provechoso y perjudicial, bueno y malo, mejor y excelente.

CORRECCIÓN Y DIRECCIÓN

La legislación es una cosa, pero poner las reglas en práctica es lo más difícil y desagradable para nosotros los padres. Aun así, tenemos que hacerlo. Es el papel ordenado por Dios como madres y padres. Después de advertirnos con respecto a no provocar a ira a nuestros hijos, Efesios 6:4 nos dice que los criemos «en la disciplina e instrucción del Señor». Estas dos palabras son muy importantes: *disciplina* e *instrucción*. La palabra *disciplina*, en el idioma original del Nuevo Testamento, se refiere a una respuesta desagradable del padre cuando el hijo hace algo malo, con la esperanza de que se aparte de su desobediencia. Me gusta referirme a esto solo como *corrección*. La palabra «instrucción», por otra parte, es la que se usa en el Nuevo Testamento para describir la exhortación o la preparación que le da el padre al niño, a fin de mostrarle el buen camino que debe tomar, a menudo cuando acaba de salir de su mala conducta. A esto lo llamo *dirección*. Corrección y dirección son dos partes de nuestra implementación de las reglas. Antes de entrar a analizar cómo los padres cristianos pueden practicar esto con eficiencia, permíteme recordarte que la Biblia nos insta a llevar a cabo con fidelidad el arduo trabajo de la corrección y la dirección.

La motivación perpetua

Un padre permisivo solo necesita considerar los efectos a largo plazo de un niño que rara vez recibe corrección y dirección para cambiar su forma de ser tolerante. La Biblia tiene en mente esa perspectiva a largo plazo cuando nos recuerda que «el hijo malcriado avergüenza a su madre» (Proverbios 29:15, NVI®). Puede que no sea hoy o mañana, pero con el tiempo tu corazón se quebrantará por un hijo que no aprendió a contener sus deseos pecaminosos. Cuando Dios nos dice que «la paga del pecado es muerte» (Romanos 6:23), todo padre debería sentir escalofríos, y adquirir un sentido de urgencia y responsabilidad. Dios incluso nos acusa de ser cómplices de las consecuencias devastadoras que afrontan nuestros hijos cuando no los reprendemos. Considera la implicación de este proverbio: «Corrige a tu hijo mientras hay esperanza, pero no desee tu alma causarle la muerte» (Proverbios 19:18). ¿Quién propone en su corazón enviar sus hijos al infierno? La respuesta: un padre que tiene la vista corta y que, por tanto, no aplica con diligencia la corrección y la dirección que necesita su hijo.

Como dije antes, todo esto es una muestra de amor. Aplicamos las consecuencias y preparamos a nuestros hijos para que se comporten de la manera adecuada, pues los cuidamos, al igual que Dios cuida de nosotros. La Biblia describe ese paralelo y revela el motivo de Dios cuando él nos disciplina.

> Ya han olvidado la exhortación que como a hijos se les dirige: «Hijo mío, no menosprecies la disciplina del Señor, ni te desanimes cuando te reprenda; porque el Señor disciplina al que ama, y azota a todo el que recibe como hijo». Si ustedes soportan la disciplina, Dios los trata como a hijos. ¿Acaso hay algún hijo a quien su padre no discipline? Pero si a ustedes se les deja sin la disciplina que todo el mundo recibe, entonces ya no son hijos legítimos, sino ilegítimos. Por otra parte, tuvimos padres terrenales, los cuales nos disciplinaban, y los respetábamos [...] La verdad es que nuestros padres terrenales nos disciplinaban por poco tiempo, y como mejor les parecía, pero Dios lo hace para nuestro beneficio y para que participemos de su santidad. Claro que ninguna disciplina nos pone alegres al momento de recibirla, sino más bien tristes; pero después de ser ejercitados en ella, nos produce un fruto apacible de justicia. (Hebreos 12:5-11, RVC)

Ese es un pasaje largo. Sé que te resulta conocido, incluso puede que lo pasaras por alto. Si fue así, debes volver atrás y leerlo otra vez, despacio y con atención, con el rostro de tu hijo en mente.

Dios nos ama y no cambiará la mirada cuando nos rebelemos a sus reglas e instrucciones. Si amamos a nuestros hijos, como este pasaje lo asume, no pensaremos en hacer nada menos que esto. Aplicar las consecuencias desagradables de las malas conductas no es opcional. *No* corregir con firmeza y determinación a nuestro hijo es pecado.

Considera el fracaso como padre del sacerdote del Antiguo Testamento, Elí. Su trágica historia a menudo se nos olvida por la tendencia de las lecciones de la Escuela Dominical en enfatizar más la historia del joven Samuel. Cada graduado de la Escuela Dominical recuerda la historia del niño Samuel, quien escuchó una voz en la noche que lo llamaba con insistencia. Pensando que se trataba de Elí, corrió varias veces a él para preguntarle qué quería, hasta que Elí por fin se dio cuenta de que quizá Samuel fuera a cumplir el papel de profeta, y lo instruyó para que respondiera: «Habla, Señor, que tu siervo escucha» (1 Samuel 3:9). Entonces, por supuesto, el Señor le reveló la verdad a Samuel. Millones de miembros de la iglesia se acuerdan de esto, pero muy pocos recuerdan lo que le dijo Dios en sí a Samuel:

> El Señor dijo a Samuel: He aquí, estoy a punto de hacer una cosa en Israel la cual hará retiñir ambos oídos a todo aquel que la oiga. Ese día cumpliré contra Elí todo lo que he hablado sobre su casa, desde el principio hasta el fin. Porque le he hecho saber que estoy a punto de juzgar su casa para siempre a causa de la iniquidad que él conocía, pues sus hijos trajeron sobre sí una maldición, y él no los reprendió. (1 Samuel 3:11-13)

El mensaje: Elí era un mal padre. Sus hijos pecaban, y no los disciplinaba. Lo más escalofriante de esa situación es que Elí *reprendía* a sus hijos por su rebelión (1 Samuel 2:22-25), pero tal parece que eso era todo lo que hacía. No los *disciplinaba*. Cuántas veces vemos a padres que reconocen la mala conducta de sus hijos y que, incluso, les apuntan con el dedo y les dicen: «Eso no está bien, Johnny» o «¡Niño malo!» o «¡No, no!», pero eso es todo. El pasaje de 1 Samuel no nos dice qué otra cosa hizo Elí, pero el resto de la Biblia lo dice con claridad, aun antes de llegar a las páginas de 2 Samuel.

La corrección apropiada

Cuando Dios se refiere al papel de la crianza de Salomón, hijo del rey David, menciona el tipo de corrección que reitera el resto de la Biblia. Lo lamentable es que la forma en que se traducen las palabras al español del hebreo original del Antiguo Testamento deja a la mayoría de los lectores modernos con los ojos abiertos de par en par y horrorizados. Aun así, aquí está: «Yo seré padre para él y él será hijo para mí. Cuando cometa iniquidad, lo corregiré con vara de hombres y con azotes de hijos de hombres, pero mi misericordia no se apartará de él, como la aparté de Saúl a quien quité de delante de ti» (2 Samuel 7:14-15).

Si hay algún pasaje que se parece al abuso infantil, es este. Sin embargo, antes de que te imagines la palabra «vara» como una barra de acero reforzado de algún sitio de construcción, y la palabra «azotes» como la clase de latigazos que le dieron a Jesús en la espalda cuando los soldados romanos lo golpearon, es mejor que entiendas las definiciones bíblicas y el contexto en cuestión.

La aplicación de las consecuencias desagradables ante la desobediencia de un niño en este pasaje, y en cualquier otro pasaje bíblico que instruye a los padres, es un acto disciplinario aplicado con «mucho amor» y no con ira o venganza. Es cierto que los azotes son una descripción vívida de pegarle a alguien, pero no se trata de maltratarlo, y ni siquiera es una referencia a dejarle marcas en el cuerpo. La «vara» que se menciona aquí es la palabra hebrea *shebet*, la cual se usa a lo largo del Antiguo Testamento para describir un palo pequeño. Los pastores en la antigüedad llevaban «una vara y un cayado». El cayado es el palo largo que a menudo es tan alto como el propio pastor y que, tradicionalmente, se representa con una punta curva o con la forma de un gancho. Por otro lado, la vara es un palo pequeño que el pastor se cuelga en la cintura y que puede usarse como un medio para contar las ovejas, empujar a una oveja indiferente o disciplinar a una oveja desobediente dándole un golpe suave en la nariz, o incluso como un arma defensiva para proteger al rebaño de los depredadores.

En Isaías 28:27, la palabra «vara», del término hebreo *shebet*, describe un instrumento que se usaba en las cocinas antiguas para machacar los granos de comino a la hora de preparar la comida. Esto puede traernos a la mente una cuchara de madera, como esas que se ponen en una jarra sobre la encimera de la cocina. Eso es muy diferente a la barra de acero o la «vara» reforzada que imaginamos. Con esta definición apropiada y el contexto de un padre amoroso que aplica las consecuencias desagradables de las cosas mal hechas, podemos leer ahora cómo la Escritura les habla a los padres.

La Biblia dice: «No escatimes la disciplina del niño; aunque lo castigues con vara, no morirá» (Proverbios 23:13). En otras palabras, tu aplicación de las consecuencias dolorosas de un acto rebelde de tu hijo controlará su rebelión y lo salvará (lo librará y lo reorientará) de la «muerte» que produce, inevitablemente, el pecado desenfrenado y creciente. El siguiente versículo enfatiza esta idea: si lo castigas con vara, librarás su alma del Seol (v. 14). *Seol* es la palabra que se usa para describir la morada de los muertos, la tumba y el final de la vida. Por supuesto, no solo se refiere a la muerte física. Cuando la Biblia dice que «la paga del pecado es muerte», de seguro que incluye varias consecuencias negativas que traen como resultado los actos pecaminosos.

La forma en que esto se vea dependerá de la situación y edad de tu hijo, como veremos en seguida. Por ahora, reconozcamos que nuestro trabajo como padres de aplicar las consecuencias desagradables de una mala conducta es una acción de amor que va más allá de las palabras y requiere una penalidad de la vida real. Estas consecuencias, impuestas con diligencia, tienen el efecto de evitarles a nuestros hijos las cosas terribles que de seguro vendrán a sus vidas si continúan en su senda de pecado sin que se les corrija.

La dirección

Criar a nuestros hijos en la «instrucción del Señor» o «dirigirlos» en una senda recta como lo llamo yo, es una clase de preparación y consejería sincera que les muestra a nuestros hijos un camino mejor que el pecado. Si la corrección se ve como el trabajo desagradable de imponer consecuencias negativas por el pecado, la dirección puede verse como el trabajo mucho más positivo, afirmativo y agradable de infundir lo bueno. Así que puedes estar seguro de que todavía da resultado. En realidad, requiere tanto trabajo que demasiados padres cristianos aparentemente cansados y ocupados lo descuidan. Sin embargo, no podemos darnos ese lujo. Es imposible lidiar como es debido con la rebelión de un corazón joven y pecaminoso solo mediante la corrección.

Soy consciente de que solo la obra regeneradora del Espíritu Santo puede renovar y transformar el interior del corazón humano. No obstante, así como sucede con el perro golden retriever al que le enseñas con éxito a no saltar sobre tus invitados, sino a sentarse quieto mientras le sirves bistecs a tus amigos, puedes entrenar con éxito a tu hijo a practicar la conducta «recta» que aprendimos y que Dios espera de los niños (Proverbios 20:11). Tu instrucción fiel y activa dirección pueden ayudar a tu hijo a vivir la clase de infancia que el Señor espera de los hombres jóvenes.

Un aspecto esencial para proveer la «instrucción del Señor» es asegurarse de que la Palabra de Dios sea una dieta permanente en la vida de tu hijo, como vimos en el capítulo 2. Asegúrate de que conozca la verdad de la Palabra de Dios tan temprano en su vida y con tanta frecuencia como sea posible. En la sección que habla de un hogar saturado de la Biblia, hablé acerca de los estudios bíblicos, de la lectura personal de la Biblia, de leer buenos libros cristianos y de la participación en programas de la iglesia que pueden aumentar el conocimiento bíblico de tu hijo. Aun así, debes entender que dirigir de veras a nuestros hijos en la instrucción del Señor requerirá más que una acumulación de información bíblica; necesitará un discipulado bíblico. En otras palabras, el conocimiento de la verdad, si bien es esencial, ¡no es suficiente! La verdad siempre demanda una respuesta, y tenemos que ayudar a nuestros hijos a saber cómo poner estas verdades en práctica. Es aquí que el libro de Proverbios, una vez más, nos da consejos muy útiles sobre cómo instruir a una persona, no solo acumularle conocimiento en su cabeza.

Considera cómo los Proverbios de las Escrituras son, en muchos casos, la aplicación de la manera en que un joven debe poner en práctica los principios de la verdad de Dios. Dirá mucho más que solo: «¡No seas sexualmente promiscuo!». Estas instrucciones de un padre a su hijo (5:1; 6:20; 7:1) lo guían a pensar de manera práctica sobre las trampas y la vulnerabilidad de ser ingenuo en cuanto al pecado sexual (7:6-9), los peligros de las chicas que adulan (5:3, 7:5), el peligro de quienes carecen de modestia (7:10), cómo el honor de un joven está en juego (5:9, RVC), y cómo su reputación se mancillará a la larga (6:33).

Este es solo un ejemplo basado en un tema bíblico que muestra la manera en que los padres deben instruir con mucho cuidado a sus hijos para que anden por el camino de la justicia. Es obvio que este ejemplo trata un tema que concierne a los hijos maduros, pero incluso si la preparación es para nuestros hijos pequeños y su tendencia a las rabietas, debes saber que el verdadero discipulado bíblico y la instrucción eficaz en la conducta adecuada siempre tienen que ser prácticos e incluir dirección sabia y sugerencias específicas para evitar la tentación y aprender a priorizar lo que valora Dios.

Antes de que pienses que tienes que ser un erudito bíblico o recibir clases en métodos de consejería para criar a tu hijo de manera eficiente en la instrucción del Señor, permíteme animarte diciendo que, como cristiano promedio, tienes lo necesario para hacer esto posible. Como dijera el apóstol Pablo acerca de los cristianos romanos (una iglesia que nunca visitó en persona): «Por mi parte, hermanos míos, estoy seguro de que ustedes mismos rebosan de bondad, abundan en conocimiento y están capacitados para instruirse unos a otros» (Romanos 15:14, NVI®). No eran perfectos, como lo dejan en claro las acciones correctivas que Pablo hace a lo largo de la carta, pero debido a que eran cristianos en crecimiento que estaban dando fruto (lo que espero sea tu caso también), confiaba en que estaban listos para instruir a sus compañeros. Con toda seguridad, puedo decir lo mismo de los cristianos que están leyendo este libro, cuyo deseo es instruir y dirigir a sus hijos.

Nosotros, como padres cristianos modernos, tenemos la ventaja de contar con una biblioteca completa e inspirada de la revelación de Dios en nuestro idioma. Además, en la actualidad podemos tener acceso, gracias a la tecnología, a diversos recursos de referencia para estudiar la Biblia que organizan su contenido por temas. También hay muchos recursos impresos que nos pueden ayudar a encontrar lo que Dios dice en las Escrituras sobre casi cualquier tema general que pudieran enfrentar nuestros jóvenes. Si a esto le sumas los años de experiencia que tenemos para sacar ejemplos de cómo implementamos la verdad de Dios, debemos ser capaces de ayudar a nuestros hijos en los pasos prácticos que deben dar a fin de abrirse camino a través de los desafíos de ser un joven del siglo veintiuno.

Cuando no tengas respuesta para algo, reúnete con otros padres cristianos de tu iglesia para conocer las formas que han usado a fin de preparar a sus hijos en la instrucción del Señor con respecto a asuntos que afrontas como padre. Consulta con tu pastor o con otros líderes de la iglesia para adquirir sabiduría sobre un tema con el que estás luchando. Y, por supuesto, continúa leyendo para descubrir en este y otros buenos libros cristianos cómo los líderes cristianos criaron a sus hijos.

LA SESIÓN DISCIPLINARIA

Cuando nuestros hijos no siguen la instrucción del Señor y se rebelan contra nuestra dirección de padres, es hora de corregir. En ese momento tenemos que avanzar más allá de la simple aceptación de nuestra responsabilidad de corregir, para hacer algo que de veras provea una corrección real. La corrección eficaz variará en dependencia de la edad de nuestros hijos, así como del tipo de rebelión en cuestión. Sin embargo, debemos reconocer que «ninguna disciplina» es eficaz para redirigir las vidas y alejarlas del pecado cuando no «parece ser causa de gozo, sino de tristeza» (Hebreos 12:11). Esa experiencia desagradable impuesta por padres amorosos debe ser el resultado de una conducta pecaminosa que, de otra manera, será costosa y destructiva en gran medida.

Evitemos el dolor (los años de bebé)

Piensa en la forma en que Dios desarrolla este principio en el mundo físico. Incluso antes del nacimiento, el cuerpo de tu hijo está conectado para enviar sensaciones desagradables y, en algunos casos, muy dolorosas a su cerebro cuando hace algo que, de continuarse o repetirse, sería destructivo o dañino. Si tu hijo se mete el dedo en el ojo o se muerde la lengua, su cerebro envía una sensación dolorosa que se traduce como: «¡No lo hagas!». Esta clase de asociaciones del dolor con acciones que son perjudiciales es un patrón que se puede emplear en millones de situaciones a lo largo de la etapa de bebé (antes de los dos años), solo viviendo en el mundo físico. Esta asociación lo preparará para no repetir acciones que, aunque en este momento no se da cuenta, perjudican de veras su bienestar.

Tu bebé siempre aprende rápido cuando se trata de esta experiencia causa-efecto. Las sensaciones desagradables aseguran esa educación. Incluso los llamados «niños de temperamento fuerte» aprenden con rapidez que meterse el dedo en el ojo le hace daño y que mejor se controla y evita esa acción. No podría explicarlo incluso si hablara, pero aprende lo bastante bien que los dedos y las pupilas no se mezclan. Entonces, comienza a vivir con la ventaja de no hacer algo que dañe o tal vez destruya la intención de Dios para su vista.

Ahora, piensa en ese momento íntimo cuando estás con tu bebé en el sofá y, de repente, te apunta con el dedo y lo mete en *tu* ojo. ¿Qué debe pasar en ese momento? ¿Es demasiado pequeño para aprender que eso no se hace? Bueno, no le tomó mucho tiempo aprender a no meterse los dedos en sus ojos. ¿O qué pasa cuando clava sus pequeños y fuertes dientecitos en alguna parte de tu cuerpo? Recuerda que ya aprendió que no debe morderse su cuerpo porque eso tendrá consecuencias dolorosas.

Estas son solo dos de los cientos de situaciones en las etapas tempranas de la vida de tu hijo en las que debes responder con una experiencia disciplinaria en su vida. Sé que no son transgresiones morales, pero son «transgresiones» físicas que si continúan, causarán daño físico. En estas situaciones debes recordarle algo que ya aprendió: una asociación entre las sensaciones dolorosas y las acciones que deben evitarse. En dependencia de la disposición y la sensibilidad de tu hijo, la experiencia disciplinaria puede variar. Un hijo muy sensible puede que solo necesite una mirada de desaprobación y un «¡No!» firme para entender la idea de que no puede tocar las pupilas de papá. (En mi caso, por cierto, no tuve ningún hijo así, aunque he escuchado que los hay. En situaciones similares, como mínimo, mis dos hijos necesitaron añadir el impulso desagradable de sostenerlos con firmeza por el brazo, o apretarles el dedito por uno o dos segundos).

Con la aplicación coherente de estas experiencias desagradables, muy pronto descubrimos que podíamos evitar que nuestros hijos nos agarraran el rostro, que mordieran (a su mamá) o que arañaran (a su papá), casi tan rápido como aprendieron que no se podían causar dolor a sí mismos. Esta experiencia de aprendizaje causa-efecto se transfiere con mucha facilidad de la exploración física del niño en el mundo que lo rodea a su desacato intencionado que puede incrementarse mucho más rápido de lo que pueden imaginar los futuros padres.

Las nalgadas

Todavía me acuerdo de las «guerras» con mis hijos a la hora de cambiarles el pañal. Uno tenía el carácter más fuerte y era un poco más desobediente que el otro, pero ambos pusieron a prueba a mamá y a papá con esto desde muy temprano. Los dos se dieron cuenta muy pronto de que un poco de cooperación de su parte a la hora de cambiarles el pañal traería como resultado una vida más placentera para todos. Sin embargo, tal parece que pensaban que cambiar sus pañales sucios debía tener lugar como ellos querían y no como queríamos nosotros. Bueno, no es así que debe actuar la responsabilidad de padres. Cuando era hora de cambiarlos, era hora de cambiarlos. Nuestra expectativa era obediencia y sumisión mientras hacíamos algo que de seguro era por su propio bien. No era el momento de darse la vuelta ni de retorcerse y arquear la espalda.

Entonces, ¿qué me dices de...?

¿SON LAS NALGADAS ABUSO INFANTIL?

Cuando se aplican de la forma apropiada, las nalgadas son una expresión de amor por tu hijo. Esta acción siempre debe estar motivada por el amor, y *nunca* debe llevarse a cabo con enojo. Sé que algunas de las acciones desafiantes de nuestros hijos pueden elevarnos la tensión arterial en un instante y desatar nuestro enojo. Cuando eso sucede, debemos tomarnos unos minutos para hacer que nuestro pulso vuelva a la normalidad y revisar nuestra actitud. En las pocas situaciones cuando sea necesario usar el *shebet* [una pequeña vara o palo], debe usarlo un padre maduro que tiene sus emociones bajo control.

Puede que nuestra cultura innovadora catalogue cualquier clase de disciplina física como «abuso», pero la aplicación amorosa, aunque desagradable, del *shebet* es de todo menos abusiva. Toda clase de disciplina es desagradable. Sin embargo, el «abuso» tiene que ver con una mala utilización de algo que sea excesivo y que cree un mal efecto. La Biblia es clara: dejar de aplicar las consecuencias desagradables a un niño que cometió una falta es un exceso de indulgencia y conduce al peor de todos los resultados.

Algunos afirman que la disciplina física les enseña a los niños a ser violentos, y ciertos sitios web mencionan investigaciones publicadas para probar esto. ¡Pero ese no es el caso! La «disciplina física» sobre la que los críticos escriben a menudo no es la «disciplina física» respecto a la que hablan los ciudadanos del cielo, la cual se deriva de la instrucción bíblica, una corrección que se lleva a cabo con amor y cuidado. Incluso los observadores seculares están comenzando a ver que mucho de lo que se ha dicho en contra de la «disciplina física» ha pasado por alto las sesiones amorosas y moderadas de *shebet* que muchos empleamos. En la última década, varios estudios y artículos defienden la práctica de la disciplina física[1].

Cuando un firme «¡No!» agarrándoles la mano no resultaba, usábamos nuestro *shebet* de la cocina, una pequeña cuchara de madera que teníamos en una jarra, encima de su cambiador. Una pequeña y rápida aplicación del *shebet* en la parte de afuera del muslo, junto con un claro «No» y un «Quédate quieto», de inmediato provocaba que abrieran los ojos bien grandes y entendieran lo que les decíamos. Después de unos días, a medida que les dejábamos claro ese punto a nuestros hijos de manera coherente, el único momento en que se arqueaban y se retorcían era cuando jugaban a la lucha en el sofá con mamá y papá. La asociación de algo lo bastante desagradable con su decisión de desobedecer corrigió con éxito la conducta, y nunca hubo necesidad de esas correas plásticas que veo en las estaciones de cambio modernas.

Esa descripción de una típica batalla entre las voluntades de un padre y un hijo durante el cambio de pañales, y la manera en que la solucionamos, puede resultar repugnante e incluso alarmante para algunos lectores modernos. Algunos quizá digan: «Esto se parece a esa práctica anticuada llena de enojo y abuso, y generadora de violencia, llamada nalgadas». Bueno, puede que encaje en la definición que aparece en el diccionario de lo que se conoce como «nalgadas», pero esa es prácticamente la única palabra de la oración anterior que puede emplearse de forma adecuada para describir lo que estoy diciendo. Si el léxico actual describe las nalgadas como una práctica llena de enojo, abuso y generadora de violencia, puedo asegurarte que la situación a la que me refiero no puede estar más lejos de esa realidad. La motivación y la actitud son importantes. Hecho de la manera apropiada, *dar nalgadas es un acto de amor.* ¡En serio!

Siempre que enseño sobre este tema, en especial dentro del progresista estado de California, hay personas que se me acercan y me dicen: «¡Está abogando por algo que es ilegal!». Lo digo de nuevo, demasiadas personas prestan atención a los ruidos alarmantes de nuestra cultura, pero no tienen idea de lo que están diciendo. Incluso aquí en la loca «California», la especie de «nalgadas» a la que me refiero es perfectamente legal. La Sección 300(a) del Código Institucional de Bienestar en nuestro estado aclara que aunque, por supuesto, es ilegal «causar cualquier daño físico serio» a nuestros hijos, « "el daño físico serio" no incluye las nalgadas que se dan de manera razonable y de acuerdo con la edad, cuando no hay evidencia de ningún daño físico serio»[2].

En cierta ocasión, estaba ofreciendo consejería a una pareja en mi oficina sobre este tema cuando la madre me desafió a probar la legalidad de aplicar el *shebet* en momentos apropiados para ejercer la disciplina paternal. Me sentía frustrado y sentía que no hacía ningún progreso. Listo para abandonar ese tema y seguir con otro, se me ocurrió probar una última táctica. Descolgué el teléfono de la oficina y marqué el número de la estación local de policía que tenía en la primera gaveta. Me contestó un oficial de la policía que, al parecer, trabajaba en la recepción de la estación de policías de nuestra ciudad. No tenía idea de quién era ni de lo que iba a responder. Le pregunté si podía ponerlo en el altavoz y hacerle una sencilla pregunta. Me dijo: «Claro que sí». Continué presentándome como un pastor local que estaba sentado con una pareja de la iglesia y le dije: «¿Es ilegal darles nalgadas a nuestros hijos?». Con la esperanza de que apoyara de manera convincente mi consejo, me sorprendió con su entusiasmo. «Ah, por favor, hágalo», dijo. «Deles nalgadas a sus hijos. ¡Estoy muy cansado de lidiar con los adultos de nuestro pueblo que nunca tuvieron padres amorosos que tomaron en serio la corrección de la conducta de sus hijos, aplicándoles la pala en el trasero!». Asunto entendido, al menos para esos padres. Puede que todavía piensen que era un plan y que todo fue premeditado. Pero no es cierto. Solo fue una llamada al azar a un policía que sabía por experiencia que «la necedad está ligada al corazón del niño; la [*shebet*] de la disciplina la alejará de él» (Proverbios 22:15).

La creatividad práctica para controlar la rebelión

Aplicar de forma literal el *shebet* al trasero de nuestros hijos es eficaz solo durante una etapa cuando nuestros hijos son pequeños. Para cuando llegan a la edad de cinco o seis años, las consecuencias desagradables a menudo tienen que ser cada vez más creativas. Aprendí esto en la práctica cuando empecé a darles opciones a mis hijos. Nuestros voluntariosos hijos hace mucho tiempo dejaron atrás las sesiones de *shebet* de papá, en lugar de las de mamá. (Eso se hizo necesario, ya que comenzaron a expresar muy poca inquietud cuando mamá trataba de emplear la cuchara de madera). Los hice graduarse con una pequeña pala de madera, la que tallé delante de ellos solo para ese propósito en el garaje. La sesión de *shebet* fue eficaz durante mucho tiempo. Sin embargo, una vez dije: «Muy bien, hijo, desobedeciste a tu mamá y ahora que estoy en casa necesitas el *shebet*. Aun así, te daré una opción. Te puedo pegar las cuatro veces que mamá dice que mereces, *o* te voy a quitar el postre esta noche y tendrás que ir a la cama media hora más temprano». Cuando empezó a preferir el *shebet* de manera regular, este dejó de ser una opción. Me di cuenta de que era mucho más desagradable para él sacrificar su cono de helado y su tiempo de juego de esa noche después del baño que aguantar la sesión de *shebet* de papá. Consciente de que la experiencia desagradable debía ejercer una impresión fuerte, una variedad de consecuencias creativas dejaron al *shebet* de abedul acumulando polvo en el estante superior del clóset.

Sé creativo. Conoces a tu muchacho. Sabes lo que dejará claro que su rebelión o desafío no vale la pena. Entiende que, a medida que crece, tener su castigo físico (incluso si duele), será una consecuencia menos desagradable que limpiar el garaje durante una hora y media, o no permitirle ver el juego de pelota de esta noche, o no dejarlo salir el viernes por la noche. Sé *razonable* y *equilibrado* según la infracción, pero ten presente que la consecuencia desagradable debe impresionarlo.

Si tus hijos son pequeños y el *shebet* todavía es el medio eficaz para la corrección por un serio acto de desafío, asegúrate de explicarle la razón para la consecuencia desagradable. Asegúrate de que entienden la relación causa-efecto que explica por qué sucede eso. Sé claro con respecto al número de veces que le pegarás de acuerdo a lo que hizo (mi esposa tenía colgado en la cocina un cuadro con el número de veces que debía pegárseles según lo que hicieran, a manera de recordatorio permanente para nuestros hijos). Y, lo más importante, asegúrate de reafirmarles tu amor cuando termine la sesión. Diles que los amas y que por eso quieres que aprendan a evitar las acciones pecaminosas y rebeldes. Recuérdales que el *shebet* de Dios es más grande que el tuyo, y que deseas que no siembren «malas semillas solo para cosechar malos frutos» en la vida adulta.

Recuérdales también que sabes lo que es pecar y recoger las malas consecuencias. Diles que, en última instancia, nuestro pecado y sus consecuencias nos recuerdan el evangelio y el gran agradecimiento que tenemos los cristianos porque Cristo sufrió las consecuencias eternas del pecado, que son mucho peores que las consecuencias terrenales. Y que tu oración continua por ellos es que un día lleguen al lugar donde sientan su necesidad de perdón, lo cual sucede cuando reconocemos todos nuestros pecados delante de Dios, nos arrepentimos con sinceridad, los abandonamos y confiamos en la disposición de Cristo de recibir el castigo en nuestro lugar.

Incluso si piensas que son demasiado pequeños para comprender esas verdades, no hay mejor momento para que nuestros niños se familiaricen con los componentes del evangelio que cuando están lidiando con sus propias decisiones pecaminosas y considerando el daño que causaron dichas elecciones.

HAZLO SUDAR TODOS LOS DÍAS

Quizá no estés familiarizado con las carreras estonias de *eukonkanto*, pero apuesto a que has visto vídeos de esta extraña competencia. Más o menos cada año, las noticias nos presentarán imágenes de esta carrera única, que al parecer se originó en Finlandia. En finés, *eukonkanto* significa «cargar con la esposa».

Sí, *eukonkanto* es el «deporte» de cargar a la esposa, y ha ganado popularidad en Estados Unidos después de comenzar en Finlandia y extenderse a Estonia. Los esposos llevan a cuestas a la esposa, en la mayoría de los casos con la mujer boca abajo agarrándose con las piernas a los hombros del esposo y agarrándolo por la cintura (lo que se conoce como el «estilo estonio»), mientras los hombres corren como locos frenéticos por caminos de tierra, fardos de heno, a través de arroyos y por encima de barreras de troncos. Al final, la pareja ganadora cruza la línea de meta para reclamar el premio del peso de la esposa en cerveza. ¡Qué locura!

La última vez que vi un videoclip de noticias de esta carrera de obstáculos, no pude evitar pensar en muchos padres modernos que hacen todo lo posible para restringir y frenar el ajetreo y el frenesí natural de sus hijos pequeños. Es posible que escucharas que a esos temerosos y restrictivos padres acusados de sobreprotección a veces se les llama padres helicópteros, debido a que andan sobrevolando, pero podrían describirse mejor como padres de *eukonkanto*. Estoy bastante seguro de que no voy a acuñar una nueva frase para describir ese fenómeno, pero sí espero que nos haga reflexionar la imagen mental de una mamá o un papá tratando de contener siempre a su energético pequeñito que corre y salta.

Por supuesto, a veces nuestros niños tienen que sentarse quietos y callar. De seguro que necesitan aprender la autodisciplina adecuada y aprender a ejercer un autocontrol razonable para atravesar una serie de situaciones en las que es perturbador e inapropiado ser una pequeña bola de exuberancia, ruidosa, agitada y sudorosa. Aun así, tendría que estar de acuerdo con los que describen la tendencia de nuestra sociedad hacia estándares que favorecen en general el temperamento de las niñas sobre el de los niños[1]. Los estándares de conducta, los horarios diarios y las expectativas generales de la mayoría de las instituciones educativas y, tristemente de la mayoría de las iglesias y las familias cristianas, raras veces son adecuados para la disposición natural de los inquietos y revoltosos niños varones[2].

ES UN VARÓN

En la sabiduría perfecta de Dios, su creación se ha llenado a propósito con el reflejo de las características complementarias que existen dentro de las personas de la Deidad. El Señor decidió que debería haber a lo largo de su creación una variedad de ejemplos del mérito y el valor igual que existe dentro de las personas de la Trinidad, pero con distinciones claras y notables entre las mismas. Estas distinciones deben celebrarse y aceptarse con alegría. Así como el Hijo y el Espíritu Santo existen como Personas iguales que poseen toda la gloria de la Divinidad, existen distinciones complementarias en la forma en que funcionan y los papeles que desempeñan.

La reflexión más hermosa de este principio de igualdad, y diferencia a la vez, lo vemos en la creación masculina y femenina.

Si bien los cristianos deben insistir siempre en la igualdad y el incalculable valor de todas las personas, también deben afirmar y celebrar con entusiasmo las diferencias con las que nos creo Dios al hombre y a la mujer. Los dos géneros que existen en la humanidad son muy importantes para Dios. El contraste intrínseco entre estos dos géneros es algo que glorifica a Dios.

Poner a la persona humana en esos términos debería hacer obvia la lógica de por qué la homosexualidad se presenta siempre en la Biblia como una distorsión del orden creado por Dios. Sin embargo, más que eso, esta distinción con un propósito divino nos ayuda a entender por qué Dios también prohíbe cualquier intento de ignorar o confundir estas diferencias de género. Considera el antiguo mandamiento de que los hombres no deben usar ropa de mujeres ni las mujeres ropa de hombres (Deuteronomio 22:5). Esto es mucho más que una prohibición del travestismo sexualmente motivado, o de vestirse como el sexo opuesto. Nos debe traer a la mente el mandamiento que Dios le dio a la primera iglesia de mantener las diferencias culturales en cuanto a la vestimenta del primer siglo que distinguían a los hombres de las mujeres en el servicio de adoración (1 Corintios 11:2-13). En esas instrucciones no había referencia a impulsos sexuales. La Biblia solo reitera la importancia de las distinciones de género que glorifican a Dios entre su pueblo. Y aunque la cultura secular de Corinto en esa época no se preocupaba por las distinciones de género, Dios mandó a su iglesia a mantenerlas.

Los cristianos a menudo citan las palabras: «Por tanto, lo que Dios ha unido, ningún hombre lo separe» (Mateo 19:6). Esas palabras de Cristo se refieren al divorcio de un hombre y una mujer que Dios unió en el vínculo sagrado del matrimonio. En cambio, considera este principio al revés. También podría decirse de muchas cosas: «Lo que Dios estableció como distinto, ningún hombre lo confunda». Como Jesús dijo al principio del debate en Mateo 19: «En el principio el Creador "los hizo hombre y mujer"» (v. 4, NVI®). Las distinciones entre el hombre y la mujer no deben pasarse por alto. Debemos acoger, aplaudir, celebrar y mantener la gran cantidad de diferencias asociadas a los géneros femenino y masculino.

La celebración de que nuestros niños sean varones debería comenzar desde el principio. Nuestra sociedad confusa y rebelde nos dirá que «esta línea» es una herejía cultural, pero nosotros no respondemos a los expertos de este mundo. Respondemos a nuestro Creador que estableció y ordenó estas diferencias que lo glorifican. Alegrémonos de que nuestros muchachos sean varoniles de manera inconfundible. De seguro que hay muchas diferencias comprensibles entre los hombres jóvenes. Tal vez tengamos una experiencia como la de Rebeca en Génesis 25, que tuvo a Esaú, descrito como un «diestro cazador, hombre del campo», y después tuvo a Jacob, de quien se dijo que «era hombre pacífico, que habitaba en tiendas» (v. 27). No obstante, a pesar de la naturaleza pacífica de Jacob, su masculinidad nunca debe confundirse con la feminidad de su esposa Raquel ni de su hija Dina.

No, tu hijo quizá no sea el mariscal de campo del instituto. Puede que ni siquiera tenga la destreza atlética a fin de presentarse para ingresar a un equipo. Sin embargo, Dios diseñó a los hombres para desarrollar esa gallardía masculina única que podría encontrar su expresión en el partido de ajedrez del sábado por la mañana o en un escenario que lleva a su equipo de matemáticas a un campeonato distrital. Esa ambición masculina de liderar, luchar, proteger y explorar se alimenta de los niveles únicos de testosterona con los que Dios inundó sus células antes de que naciera. Necesitas regocijarte por esa masculinidad, darle cabida a su expresión y estar listo para todas las implicaciones que esta implica.

¿CON MORETONES O ENVUELTO EN PLÁSTICO DE BURBUJAS?

Hemos llegado a un punto casi cómico al ver que los padres demasiado preocupados de esta generación emplean todos los medios imaginables para proteger, amparar y resguardar a sus hijos de cualquier daño concebible. Se ha vuelto algo tan absurdo que en un mismo día tropecé con un sitio web satírico que decía que vendía plásticos de burbujas para proteger a nuestros niños con bolsitas «disponibles en varios tamaños, con precios que van desde $499.00 (niños pequeños) hasta $799.00

(edad universitaria)»[3]. Luego, leí un blog secular liberal con un artículo titulado: «¡Deje de envolver a sus hijos en burbujas! Cómo la sobreprotección conduce al daño psicológico»[4]. Y después leí de un libro en mi propia biblioteca escrito por un muy respetado conservador evangélico con un capítulo titulado: «¿Estamos criando una nación de debiluchos? Una generación mimada no puede hacerle frente a la vida»[5].

Es difícil imaginar algún tema en el que los satíricos, psicólogos liberales y teólogos conservadores pudieran estar de acuerdo. Pero en efecto, así es. Sin embargo, miro alrededor en el mundo real y la mayoría de las personas ignoran por completo su llamado inequívoco a dejar de ser padres tan sobreprotectores. En la vida cotidiana, parece que casi todos los padres operan con la máxima prioridad de que no se tolerará ningún riesgo de golpes, moretones, pinchazos ni rodillas peladas. Como afirman muchos otros escritores, los efectos de proteger a nuestros hijos del dolor físico, de la desilusión emocional o de las experiencias desagradables están cosechando una abrumadora gama de consecuencias involuntarias. Es hora de aceptar una medida de esos peligros físicos, que son inherentes a la crianza de un pequeño juguetón, aventurero y activo.

Prepárate. Habrá viajes a la sala de urgencias. Criarás a un niño que entrará a la adultez con algunas cicatrices debido a los puntos de su infancia. Es probable que tenga recuerdos de amigos que le firmaron el yeso que le pusieron después que se fracturara un hueso cuando era niño. Tu única opción para eliminar estas posibilidades probables es convertirte en esa persona sobreprotectora, dominante y demasiado exigente y restrictiva que exasperará a tu hijo. Terminarás reprimiendo un importante proceso de prueba y error, causa y efecto, y riesgo y recompensa que tu hijo necesita para convertirse en un hombre maduro y productivo.

MAMÁ DIJO «NO» / PAPÁ DIJO «ESTÁ BIEN»

En la mayoría de los hogares, durante los primeros años de la crianza de tus muchachos, el enfrentamiento de «Mamá dijo "no" / Papá dijo "Está bien"» tiene que suceder al menos una vez a la semana. Casi siempre pasa cuando el asunto en cuestión involucra algún riesgo inherente de daño físico. «¿Puedo tener un patinete?». «¿Puedo presentarme para ingresar en el equipo?». «¿Puedo jugar en el trampolín en casa de Brian?». Espera este dilema matrimonial. Y recuerda que, parte de la razón por la que Dios diseñó la crianza de los hijos para que sea una sociedad, era incluir a un hombre que corre riesgos masculinos y a una mujer que ofrece cuidados femeninos, pues ambos son necesarios en la crianza de los hijos. El problema en nuestra cultura, que ha producido el aumento masivo de niños consentidos, debiluchos y envueltos en burbujas, se reduce a cómo se resuelven estos enfrentamientos.

En la mayoría de los casos, una disputa sobre si a Johnny se le permitirá o no hacer esto o lo otro, está determinada por el veto de mamá. Si la mamá siente que es peligroso, mamá gana, no el sesenta por ciento de las veces, sino que según mi observación será más del noventa por ciento de las veces. Si mamá no se siente cómoda con el riesgo que involucra la actividad, incluso si papá piensa que es razonable, su voto se anula. Papá pronto piensa: *Creo que Johnny podría salir lastimado, y si hago valer mi opinión y él se lastimara, me sentiría terriblemente culpable.*

Permíteme hacerte un llamado a ti, mamá, por un momento. No deberías ganar en cada uno de estos desacuerdos. Para que se convierta en el hombre que Dios quiere que sea, será necesario tomar decisiones con las que no te sientas cómoda por completo. El diseño de Dios es para que tu esposo brinde una voz influyente de liderazgo en las decisiones que toman sobre lo que le autorizan a su hijo.

No estoy diciendo que en todos los casos debe hacerse lo que dice papá. Pueden comenzar con la meta de reducir la diferencia. Por ejemplo: «Está bien, no lo dejaremos hacer esto» (sabiendo que la forma típica de pensar de tu esposo es *Creo que habría estado bien*).

Ah, y cuando tu hijo en efecto salga herido en eso a lo que accediste porque no tuviste otra opción y tienes deseos de gritar: «¡Nunca debimos haberlo dejado hacer eso!», ¡no lo hagas! La mayoría de esos chichones, moretones, heridas de puntos y escayolas servirán para formar el carácter de tu hijo. No estoy abogando por una crianza temeraria y descuidada. Estoy por completo a favor de las precauciones razonables. Estoy por completo a favor de que use un casco cuando monta patinete. Deseo que su bicicleta tenga luces. Espero que se ponga espinilleras cuando juega fútbol. Aun así, no quiero que la incipiente masculinidad de tu hijo se atrofie porque lo pusieron en cuarentena en una burbuja de plástico.

NO VA A ESTAR A FAVOR (ESTOY BASTANTE SEGURO)

Está claro que abogo por permitir, y hasta alentar, a tu hijo para que participe en actividades que implicarán algún riesgo de daño físico. Uno de los escenarios de la infancia donde de seguro acecha ese peligro son los deportes competitivos organizados. Participar en equipos deportivos es una experiencia legítima, incluso importante, que puede cosechar muchos beneficios en la maduración del carácter de tu hijo. Dicho esto, ¡recuerda que él no va a estar a favor! Puedo estar bastante seguro de eso. Mis dos hijos jugaron en las Ligas Menores de béisbol en una zona bastante competitiva del sur de California. Ambos fueron buenos jugadores en sus respectivos equipos. Uno formó parte del equipo «todos estrellas» del distrito. Ninguno jugó en el instituto. Si hubieran sido lo bastante buenos y dedicados como para jugar en el instituto, la NCAA [por sus siglas en inglés de la Asociación Nacional Atlética Universitaria] informa que sus probabilidades de jugar en la primera división de béisbol universitario era del 7,1 %[6], y ganar un solo sueldo de una organización de las Ligas Mayores de béisbol es la mitad del uno por ciento[7]. Esas, por cierto, son las mejores probabilidades. Las probabilidades de fútbol americano, baloncesto y fútbol son incluso peores.

No cito esas estadísticas para desanimarlos a ti y a tu hijo de hacer su mejor esfuerzo en los deportes organizados durante la infancia, sino solo para poner su participación en perspectiva. Los rigores de la práctica, los entrenamientos y las exigencias de los entrenadores pueden ser una forma ideal para que tu hijo emplee gran parte de esa energía reprimida de la niñez impulsada por la testosterona de una manera constructiva. La experiencia de ganar puede brindar oportunidades instructivas para aprender a ganar con gracia y humildad. Los golpes, las caídas en las competencias y los juegos perdidos pueden ser escenarios en los que tu hijo aprenda a controlar sus emociones, refrenar sus palabras y aprender de sus errores. Aun así, ver esto como una rampa de acceso para una beca deportiva en la universidad, y luego una carrera profesional, es un gran error.

Con todos los beneficios de los deportes, la participación de tu hijo en un equipo deportivo es secundaria cuando se compara con su participación sumamente valiosa en el cuerpo de Cristo o con las disciplinas espirituales de leer la Biblia y orar. Si lo dudas, regresa y vuelve a leer el capítulo 2. Lo que es mejor, vuelve a leer estos dos pasajes clave de la Biblia para tener una perspectiva más completa:

> Ejercítate para la piedad; porque el ejercicio corporal es poco provechoso, pero la piedad es provechosa para todo, pues cuenta con promesa para esta vida presente, y para la venidera. (1 Timoteo 4:7b-8, RVC)

> Todo el que compite en los juegos se abstiene de todo. Ellos lo hacen para recibir una corona corruptible, pero nosotros, una incorruptible. (1 Corintios 9:25)

Entonces, cuando tu familia deje de ir a la iglesia para asistir a un torneo en otro lugar, cuando decides que tu hijo vaya al campamento de entrenamiento de su equipo deportivo en vez que lo haga al campamento de verano de la iglesia, cuando rechazas una invitación a que participe en un viaje misionero o en un equipo de líderes de jóvenes porque tienes tu vista en la beca para la universidad por su desempeño en la Primera División, recuerda cómo comenzamos nuestra reflexión cuando hablamos sobre su trayectoria espiritual: «Pues, ¿de qué le sirve a un hombre ganar el mundo entero y perder su alma? Pues ¿qué dará un hombre a cambio de su alma?» (Marcos 8:36-37).

Es triste que muchos padres cambien el bienestar espiritual de las almas de sus hijos por el altar del deporte. No coloques los deportes por encima de sus necesidades espirituales. No vale la pena, incluso si ganan una beca para la universidad o, contra todos los pronósticos, llegan a la cima de la carrera deportiva. Debido a que conozco en persona a algunos exitosos atletas cristianos profesionales, sé que todos te dirían que cambiar el desarrollo espiritual de tu hijo por obtener eso que alcanzaron ellos en sus carreras deportivas no vale la pena.

¿Deportes organizados? Seguro que sí. ¿Convertir el deporte en una obsesión y en una prioridad máxima? ¡Nunca!

TU PELOTA DE ENERGÍA

Nuestros hijos nacen para moverse. Están llenos de energía. Son ruidosos. Se ensucian. No les gusta estar quietos. Prefieren gruñir que hablar. Prefieren luchar contigo que abrazarte. Son frenéticos y alocados. Su atención divaga de aquí para allá en un segundo, como una máquina de *pinball*. Muchos, no la mayoría, podrían considerarse hiperactivos. Hay momentos en que esta energía necesita reprimirse, pero los padres sabios tendrán cuidado de emplear su sentido común espiritual a fin de proveer salidas adecuadas a esta característica con la que Dios diseñó a tus hijos. Aquí tienes algunas de mis sugerencias.

Hazlo sudar

Hazlo sudar todos los días. Literalmente. Mi esposa y yo nos trazamos la meta de ver todos los días esas pequeñas gotas de sudor en la frente de nuestros muchachos. Si llegaban las seis de la tarde y todavía no habíamos visto esa conocida mezcla de polvo y sudor corriendo por sus caritas, los sacábamos a correr, a patear la pelota de fútbol, a trepar un árbol o lo que fuera necesario para que experimentaran esa sensación de estar exhaustos que necesita cada niño varón. Todo marchaba mejor en nuestro hogar durante la cena, a la hora de hacer la tarea, a la hora de dormir o en cualquier otro momento, cuando nuestros niños jugaban afuera lo suficiente como para sudar un poco.

Cuando eran pequeños, mi esposa siempre estaba inventando juegos, tareas y toda clase de retos creativos para hacer que emplearan toda esa energía física acumulada que Dios puso en sus pequeños cuerpos. En nuestra era electrónica, cuando la mayoría de los padres están prestos a buscar una película para ocupar a sus hijos o les ponen delante una pantalla para que se entretengan, debemos esforzarnos mucho más para proponernos llevar a nuestros hijos todos los días al parque, a un área de juego o a un gimnasio. Tenemos que hacer planes para que pongan sus cuerpos en movimiento con más frecuencia y durante períodos más largos.

Aliméntalo bien

Lo que tu hijo come todos los días marca la diferencia en su actitud, sus sentimientos y hasta sus pensamientos. Como cualquier otra cosa, esta preocupación puede llevarse demasiado lejos. He sido testigo de cómo algunos padres se convierten en fanáticos obsesivos en un intento de imponer buenos hábitos alimentarios en sus hijos. Esta clase de extremismo puede causar una exasperación innecesaria en la vida de tu hijo. Así que los buenos hábitos alimentarios llevados demasiado lejos, de seguro que no son la norma, ni siquiera en mi rincón del sur de California donde se preocupan por la salud. La mayoría de las familias no comen bien. Los Centros para el Control de Enfermedades informan que nuestros niños tienen el doble de probabilidades de ser obesos, comparados con nosotros cuando éramos niños, y la obesidad en la adolescencia se ha cuadruplicado en los últimos treinta años[8].

Estos hechos son ciertos no solo porque nuestros niños son más sedentarios (¡lo cual debemos cambiar!), sino también porque los alimentamos mal. No restringimos sus opciones de alimentos de la forma en que nuestros padres restringían las nuestras, y nuestras decisiones sobre lo que les damos de comer las dictan con mucha frecuencia sus preferencias infantiles, y no nuestra autoridad y sabiduría como padres. Nuestras pobres elecciones dietéticas a menudo se convierten en otro estorbo para las energías y las euforias naturales de nuestros muchachos. Ellos necesitan un buen combustible para toda esa energía que les ha dado Dios. No queremos contribuir a una infancia lenta, aletargada y frustrante, porque nunca podríamos decirles no a sus apetitos inmaduros, y nunca aplicaríamos un patrón de aprendizaje a fin de ingerir alimentos nutritivos.

Enséñale modales para comer en un restaurante

Hablando de comida, pensemos por un minuto en las experiencias con tu hijo en el restaurante. No querrás ser «esa familia» con el niño que corre gritando alrededor de las mesas haciendo que la experiencia de los que comen sea mala. No lo deseas y, como cristiano, no debería ser así. «Traten a los demás como les gustaría que ellos los trataran a ustedes», dijo Jesús (Lucas 6:31). Tan gracioso como puedas pensar que se ve tu niño, te puedo asegurar que la mayoría de las personas en el restaurante no piensan de la misma manera. De modo que debes preparar a tu hijo con los modales adecuados para un restaurante. Antes de que tuvieras hijos, nunca te gustó que un niño malcriado interrumpiera tu cena, y ahora necesitas ser un padre considerado que se asegura de poder canalizar las energías cinéticas de su hijo en el restaurante.

Mi esposa y yo nunca fuimos a un lugar para sentarnos a comer mientras nuestros niños eran pequeños sin llevar con nosotros nuestra «caja de juguetes solo para restaurantes». Mientras que todos los gruñidos, gritos y correteos debían posponerse para la carrera hacia el automóvil en el estacionamiento, nuestra caja con juegos, manualidades y avioncitos se les daban con puntualidad a fin de darles una salida modificada a esos momentos en los que nuestros niños necesitaban estar ocupados. Y si las cenas demoraban mucho (como a menudo lo eran en mi trabajo), uno de nosotros se excusaba para llevar a nuestros niños a correr alrededor del edificio o a trepar un árbol en una esquina del lugar.

Permite momentos de ruido todos los días

Nuestros inquietos niños eran muy ruidosos. Queríamos asegurarnos de que tuvieran algún tiempo durante el día para ser tan ruidosos como quisieran. Todo esto era para darle una salida regular y esperada a su energía de modo que, en otros momentos, pudieran sentarse quietos durante un servicio de adoración, en un restaurante o cuando teníamos invitados en la sala.

No era raro que los adultos mayores hicieran comentarios sobre lo corteses, tranquilos y respetuosos que eran nuestros hijos en su presencia. Me reía por dentro y, si mis hijos alcanzaban a escuchar los cumplidos, sonreía y les hacía un guiño con una expresión en mi rostro que decía: «¡No tienen idea!». Por supuesto, no eran tranquilos. Tan solo media hora antes, mientras preparábamos la casa para nuestros invitados, nuestros hijos gritaban, hacían ruido o cantaban más alto que la música. Nuestros hijos aprendieron la habilidad de quedarse quietos cuando era necesario porque sabían que tendrían otros momentos para hacer ruido, pues mamá y papá los planificaban con antelación y hasta los alentaban.

Las rabietas

Cuando pensamos en los arrebatos y en las agresiones de los jóvenes varones, nos vienen a la mente las rabietas. Estos estallidos de frustración incontrolados son la pesadilla de todos los padres. Con frecuencia suceden en los peores momentos y en los lugares más embarazosos. Incluso, cuando tienen lugar en el hogar, son una prueba para nuestra paciencia y dominio propio. Cuando se trata de los niños varones estas rabietas pueden ser tan fuertes y caóticas que pueden resultar escalofriantes de verdad. Como padres, nuestro trabajo es calmar la situación, no agravarla. En ciertas circunstancias, necesitamos sacar al niño de la habitación a un lugar privado para que se controle y calme. En todos los casos, tenemos que mantener la calma y la compostura a fin de poder ayudarlo a recuperar la suya.

El momento de la rabieta no es el adecuado para debatir, negociar ni implementar las consecuencias disciplinarias. Puede que más tarde se requiera una disciplina por la rabieta, pero cuando su frustración se desata, nuestra única tarea debe ser ayudarlo a recuperar su autocontrol. Algunas circunstancias requieren que lo cargues y lo abraces de inmediato, otras que lo aísles para que recupere la compostura solo en su cama y otras que le frotes la espalda y lo animes con tranquilidad a portarse como se debe. Cuando termine la rabieta, es hora de ayudarlo a entender su propio enojo de una forma apropiada para su edad. Con frecuencia involucrará la aplicación de algún tipo de disciplina por las palabras o las acciones que provocó su enojo. Aun así, todo eso debe esperar hasta que pase la ola de agresión.

Mi propósito al mencionar ahora las terribles rabietas es recordarnos que a menudo contribuimos a esos estallidos, a veces por no proporcionar salidas suficientes para las energías reprimidas, en otros momentos debido a nuestra mala programación del sueño, y en ocasiones debido a que no proporcionamos los tipos adecuados de alimentos nutritivos en el momento apropiado. Después de todo, incluso tú, con una dosis adulta de autocontrol, eres un candidato de rabietas cuando algo te molesta después de estar encerrado en tu oficina todo el día, con un sueño terrible la noche anterior y un estómago lleno de comida chatarra.

6

INCÚLCALE UNA ÉTICA DE TRABAJO VARONIL

Imagina a tu hijo jugando en el equipo de fútbol de la escuela secundaria. Ahora imagina al entrenador durante la semana: solo habla con los jugadores sobre la ayuda de tomarse un descanso durante el medio tiempo, la diversión de hacer entrevistas después del partido para el periódico escolar, los buenos momentos que se tienen en los viajes en autobús a los juegos fuera, y cómo aprovechar al máximo los espectáculos de animadoras del viernes por la mañana.

De seguro que ese entrenador no sería el entrenador de un equipo ganador. Y es probable que no conserve su trabajo durante toda una temporada.

Los entrenadores de fútbol deben preparar a sus jugadores a fin de que jueguen al fútbol. Para eso se inscribieron los atletas. Por eso forman parte de un equipo. Claro, puede que de vez en cuando tengan que dar algunas instrucciones sobre los eventos y las actividades complementarias que tendrán como jugadores de fútbol, pero lo principal que debe hacer un entrenador es preparar a los niños para que sean jugadores hábiles, disciplinados y esforzados en el campo de fútbol.

CRÍA HOMBRES, NO NIÑOS

Como padres, tú y yo somos entrenadores. Dios nos llamó para que preparemos a nuestros hijos para la vida. Dios diseñó a nuestros hijos para que glorifiquen su nombre al ejercer dominio sobre un segmento de su creación. Tendrán el papel de trabajar en este mundo y emplearán más de la mitad de las horas que permanecen despiertos entregándose a tareas específicas, las que no solo les proporcionan un salario, sino que también honran a Cristo. Lee las siguientes palabras con tu hijo en mente, consciente de que un día tendrá un empleo como el resto de la población adulta, empleando su tiempo y energía en una vocación específica:

> Todo lo que hagan, háganlo de corazón, como para el Señor y no como para la gente [...] pues ustedes sirven a Cristo el Señor. (Colosenses 3:23-24, RVC)

Imagínate a tu hijo, empleado para servir al Señor Jesucristo como contador, arquitecto, farmacéutico, pastor, analistas de sistemas de computación, obrero de la construcción, agente de seguros, terapeuta físico, desarrollador de web, ortodoncista, misionero, ingeniero mecánico, paramédico, especialista en préstamos, agente inmobiliario, diseñador gráfico, maestro de escuela, electricista o planificador financiero. Imagínatelo en su posición día tras día, enfrascado en el trabajo que Dios le llamó a hacer.

Ahora, considérate como su entrenador años antes de que acepte su posición. Es hora de asumir la seria responsabilidad de prepararlo para servir a nuestro gran Rey en su futuro trabajo.

LA BENDICIÓN DEL TRABAJO

«Trabajo es trabajo», me dijo una vez mi papá cuando le rogué que me dejara aplicar a mi primer trabajo oficial. «No será fácil», me advirtió, sabiendo que la idea de ganar un salario era seductora para un joven adolescente. Mi papá tenía razón, aunque apenas necesitaba su discurso ese día, después de haber aprendido de experiencias anteriores que hacer «trabajos» en la casa y en el patio era siempre más difícil de lo que me imaginé al principio.

La Biblia explica que todo el dolor y la fatiga asociados con el trabajo productivo es una parte del castigo específico sobre la humanidad pecadora. «Maldita será la tierra por tu causa», le dijo Dios a nuestros primeros padres. «Con dolor comerás de ella todos los días de tu vida» y «comerás el pan con el sudor de tu frente» (Génesis 3:17-19, RVC). Justo debido a esta experiencia desagradable es que las personas a menudo ven el trabajo como una maldición. En cambio, no es así como debemos verlo, ni esa es la impresión que debemos darles a nuestros hijos.

El dolor asociado con el trabajo proviene de la maldición de Dios, no del trabajo en sí mismo. El dominio que se ejerce mientras se trabaja, así como la productividad que resulta del trabajo honesto, son partes de la bendición de Dios. Debemos recordar que el trabajo es un regalo de Dios que precedió al pecado de Adán. Es una bendición que existió en el huerto del Edén antes del juicio de Dios sobre un mundo caído. El trabajo en sí mismo es algo bueno. Es uno de los primeros regalos del Creador para las personas creadas a su imagen. Es «muy bueno», como dijo Dios mismo, después de poner a trabajar a la primera pareja (Génesis 1:31, NVI®).

Sé que resulta tentador relajarse durante la cena hablando de lo duro que fue el día en el trabajo, de las dificultades y los problemas en la oficina, pero como buenos entrenadores nunca debemos crear una impresión errónea acerca del valor que Dios le otorga a la participación de sus criaturas en el trabajo diario. Necesitamos asegurarnos de que nuestros hijos escuchen el lado positivo de un día productivo en el trabajo. Tienen que saber que mamá y papá reconocen, y hasta celebran, el valor y el privilegio de reflejar el diseño de Dios para su pueblo mediante su participación diligente en su empleo. Hazte el propósito de hablar bien de tu trabajo. Conversa sobre tu trabajo de la forma en que deseas que tu hijo hable del suyo dentro de veinte años.

Cuando hablas del futuro con tus hijos varones, asegúrate de imaginar sus *posibles* ocupaciones, no ese «trabajo soñado» ni las fantasías de «puedes hacer cualquier cosa que desees», a las que nuestro mundo está tan acostumbrado. Habla sobre el valor de un día de trabajo honesto. Piensa en las miles de personas que están atascadas en un patrón interminable de desempleo, en busca del milagro de encontrar una carrera satisfactoria por completo y con un salario alto. La Biblia dice que esto es absurdo. Es como querer enriquecerse de la noche a la mañana (Proverbios 12:11; 28:19-20). La Biblia dice que esto es una necedad. Es como andar tras una oportunidad muy gratificante y hacerse rico con rapidez (Proverbios 12:11; 28:19-20). La voluntad futura de tu hijo de ser un trabajador diligente que glorifique a Dios comienza por tus conversaciones con él que rechazan incrementar su sentido del derecho. Comienza visualizando junto con él un futuro en el que se sienta satisfecho de volver a casa cansado de un buen día de trabajo, sin importar cuán deslumbrante o emocionante sea o no su trabajo. Comienza hablando a menudo de cómo Dios nos hizo para darle honor al diseñar estrategias y trabajar por el bien de nuestras familias y el bien común de nuestras comunidades.

ACERCA DE LOS QUEHACERES

Los adultos tienen empleos y los niños quehaceres. Los quehaceres, así como los empleos, tienen como objetivo el bien común. Son tareas de las cuales se deriva un beneficio positivo para la familia. Son tareas mediante las que nuestros hijos aprenden que sus esfuerzos producen ventajas para todos. Y si piensas que tu niño es muy pequeño para tener quehaceres, recuerda que incluso un niño de un año puede tener tareas que te ayuden a lo largo del día. Tu niño te puede alcanzar cosas que necesitas. Si puede caminar, te puede traer algo útil, o alcanzar algo que quizá necesite tu cónyuge. Debes contar con su ayuda a menudo y alabarlo con frecuencia por la utilidad de su esfuerzo.

Cuando nuestros niños tenían cuatro o cinco años, confeccionamos una tabla de tareas domésticas. Compramos un cuadro de sesenta centímetros en la tienda local de materiales escolares. Luego, tomamos fotos donde nuestros niños se veían felices haciendo tareas que esperábamos que hicieran todos los días y las plastificamos. Eran fotos en las que nuestros niños se veían sonrientes, haciendo quehaceres diarios que eran para su propio beneficio, como cepillarse los dientes, ponerse los zapatos, «leer» la Biblia (que consistía en mirar su Biblia ilustrada para niños) y orar. También había fotos felices de ellos ocupados en tareas que beneficiaban a la familia, como poner la mesa, poner los vasos sucios en el fregadero y recoger la sala guardando los juguetes en su caja. El cuadro tenía columnas marcadas como «no hecho» y «hecho». El cuadro estaba colgado en una pared de la cocina, a una altura suficiente como para que pudieran mirarlo todos los días y mover la foto de una tarea de la columna de «no hecho» a la de «hecho».

El cuadro de los quehaceres fue una forma de que mis hijos aceptaran un sentido de responsabilidad con respecto a un número creciente de tareas apropiadas según la edad que eran para su propio bien y el bien de la familia. Podían sentir un sentido de realización mientras movían sus fotos a la columna de «hecho». Era una forma visual de que vieran al final de cada día que terminaron las tareas provechosas que debían hacer. Todas las noches, después que los acostábamos, reanudábamos el cuadro de quehaceres y volvíamos a comenzar al día siguiente.

Cuando nuestros hijos crecieron, quitamos el cuadro de los quehaceres, pero no el concepto. Tenían una lista cada vez más desafiante de tareas semanales que deben hacerse en cualquier casa en la actualidad, cosas como mover los cubos de la basura y traerlos de regreso a su lugar (lo que, hasta que mis dos hijos se fueron a la universidad hace muy poco, había olvidado completamente cómo hacer). Cuando les asignábamos tareas regulares o especiales a nuestros hijos, a menudo les recordábamos que «somos una familia» y «cuando la familia necesita algo, todos vamos a colaborar para satisfacer las necesidades de la familia». Muy pronto esta idea se transmitió de un hijo a otro, *después* que se dieron cuenta de que no llegarían a ningún lugar protestando con eso de «¿Por qué tengo que hacerlo *yo*?». Nuestro objetivo era enseñarles desde el principio que su trabajo no solo era para ellos ni para su propio beneficio, sino que Dios nos ha llamado a todos a trabajar para el bien de otros.

Como expliqué en el capítulo 2, enfatizamos este principio con el servicio que debían realizar en diferentes ministerios en nuestra iglesia, y mediante los proyectos de servicio, visitas al hospital y viajes misioneros a los que los llevamos y a los que los enviamos. Desde hacer sus camas y limpiar sus cuartos, hasta trabajar en barrios más pobres de nuestra zona o llevar a cabo Escuelas Bíblicas de Vacaciones en varios lugares, nuestra esperanza era sembrarles el valor del trabajo duro y sacrificial para la gloria de Dios y el bien de otros.

ACERCA DE LA PEREZA

Una ética de trabajo cristiana está en marcado contraste con la pereza. Nuestra tendencia natural puede ser buscar todas las comodidades y conveniencias de la vida siempre que sea posible, pero sin un compromiso con el trabajo arduo, cualquier experiencia de comodidad o conveniencia será rara y, a la larga, estará fuera de nuestro alcance. La Biblia constantemente deplora un enfoque letárgico e inactivo de la vida. Dios nos advierte del fruto de ser una persona negligente. Considera solo algunos de los proverbios que hablan sobre este tema:

> Ve, mira la hormiga, perezoso, observa sus caminos, y sé sabio. La cual sin tener jefe, ni oficial ni señor, prepara en el verano su alimento, y recoge en la cosecha su sustento.¿Hasta cuándo, perezoso, estarás acostado? ¿Cuándo te levantarás de tu sueño? Un poco de dormir, un poco de dormitar, un poco de cruzar las manos para descansar, y vendrá como vagabundo tu pobreza, y tu necesidad como un hombre armado. (Proverbios 6:6-11)

> Pobre es el que trabaja con mano negligente, mas la mano de los diligentes enriquece. El que recoge en el verano es hijo sabio, el que duerme durante la siega es hijo que avergüenza. (10:4-5)

El alma del perezoso desea, pero nada consigue, mas el alma de los diligentes queda satisfecha. (13:4)

Toda labor rinde sus frutos, pero hablar por hablar empobrece. (14:23, RVC)

El que es negligente en su trabajo es hermano del que destruye. (18:9)

El que trabaja la tierra tendrá abundante comida; el que sueña despierto solo abundará en pobreza. (28:19, NVI®)

Conocer y creer de manera genuina en estas verdades sirve de mucho, a fin de motivarnos a ayudar a nuestros hijos a erradicar la pereza que está incorporada en su naturaleza caída. Al igual que cualquier cambio que tratemos de producir en nuestros hijos en crecimiento, tenemos que ser amorosos y estratégicos. No queremos exasperar ni desmoralizar a nuestros niños solo reprendiéndolos por su inclinación a valorar la diversión por encima del trabajo. Todos podemos identificarnos con eso. Aun así, debemos ver el peligro de criar a un hombre que desprecia el trabajo duro y siempre está buscando una manera de salir del mismo. Sabiendo que la autodisciplina de perseverar en un trabajo diligente y fiel siempre generará dividendos tangibles e intangibles, debemos resaltar y valorar con regularidad los beneficios que provienen del trabajo de nuestros hijos.

El ejemplo es crítico en esto. Es casi imposible inculcar una actitud positiva hacia el trabajo diligente si nuestros hijos perciben hipocresía en nuestras palabras. Papá y mamá necesitan mostrar una actitud positiva hacia el trabajo productivo y un rechazo a la pereza, la desocupación y las muchas horas frente al televisor. El rechazo a la pereza se modela más de lo que se enseña. Por tanto, observemos de manera objetiva nuestros horarios y asegurémonos de que estamos dando un buen ejemplo de una inversión adecuada de nuestro tiempo en actividades profesionales y voluntarias para el honor de Cristo y el beneficio de otros.

LAS EXCUSAS

Dios nos dice que la excusa y la pereza van de la mano. Si nuestro hijo aprende que una buena excusa lo liberará de la carga de una tarea o un quehacer, se convertirá en un experto en su fabricación. Proverbios nos dice que a la persona perezosa se le ocurrirá una excusa inteligente: «¡Hay un león allá afuera!» (Proverbios 22:13, NVI®), y se cree sabio al hacerlo (26:16).

El holgazán hará lo que sea para liberarse de sus responsabilidades (y quedarse en la cama, en el caso del perezoso de Proverbios 26:13-14), y lo inventará de forma creativa. Todos podemos sentirnos tentados a formular excusas, pero si vamos a criar hombres, las excusas no se pueden tolerar en nuestro hogar.

Dicho esto, asegurémonos de que entendemos la naturaleza de una excusa. A diferencia de las explicaciones, buscamos excusas para librarnos de nuestras responsabilidades. Una excusa es una explicación elaborada de manera conveniente que intenta esconder las verdaderas razones por las que algo pasó o no pasó, con la esperanza de que la carga de la tarea solo desaparezca. El contenido de una excusa puede ser verdadero en parte, pero el que la usa pretende esconder toda la historia; es decir, la persona quiere evadir lo que sea que se supone que haga. Puede que esa definición sea más larga de lo necesario, porque (como experimentados creadores de excusas que somos) casi siempre podemos identificar una excusa cuando la escuchamos.

Cuando escuchas una excusa, insiste en saber la verdad. La verdad puede ser dolorosa (por ejemplo: «Tenía pereza y no quería hacerlo»), pero necesitamos la verdad. Repito, para crear una cultura doméstica en la que no se permitan las excusas, como padres necesitamos modelar la aceptación clara y directa cuando fallamos en el cumplimiento de nuestras responsabilidades. Tenemos que proponernos no buscar excusas y ser breves en caso de que necesitemos dar explicaciones. «Lo siento. Debí haber hecho eso», será una mejor práctica educativa para servir de ejemplo a nuestros hijos que tratar de crear la ilusión de que nunca dejamos de hacer algo que está en nuestra lista de tareas.

¿Fidelidad? ¡Sí! ¿Coherencia perfecta? ¡Imposible! Sean padres fieles que se niegan a poner excusas.

DESCANSA PARA TRABAJAR

Con toda esta charla transparente acerca de cómo tratamos de inculcar en nuestros hijos una buena ética de trabajo, podrías pensar que mi esposa y yo fuimos los típicos padres supervisores de «solo trabajo y nada de juego». Bueno, eso no es cierto. Entendíamos el valor del descanso, la recreación y la diversión. Aparte del tiempo diario de juego del que hablamos en el capítulo anterior, priorizábamos de manera razonable los tiempos de diversión en familia. Es más, la programación de viajes al parque de diversiones, al zoológico o a eventos deportivos representó un papel importante en nuestro objetivo de inculcar en nuestros hijos una ética de trabajo cristiana y equilibrada.

Dicho equilibrio debe comenzar con el conocido principio de trabajar antes de jugar. La mayoría de los padres usan este principio con mucha frecuencia cuando hay camas que tender antes de ir al parque, o cuando hay juguetes que recoger antes de comer. Sin embargo, los padres sabios llevarán esto un paso más allá. La Biblia nos advierte que es fácil querer demasiado el descanso y la recreación. Dios advierte que «no te entregues al sueño», y que si encuentras miel, «no comas más de la cuenta» para que no la «vomites» (Proverbios 20:13; 25:16, DHH). Cuando como padres prometemos tiempos de diversión a manera de recompensas, creamos en nuestros hijos la mentalidad demasiado popular de «¡Feliz miércoles!» y «Gracias a Dios que es viernes». Si como dice esa vieja canción de los años ochenta: «Todo el mundo trabaja para el fin de semana», estamos a un paso de crear adultos que miran el reloj a cada momento y nunca se enfocan en su trabajo «como para el Señor» (Colosenses 3:23).

Para contrarrestar esto, mi esposa y yo programábamos con regularidad descansos, viajes y actividades de recreación que de seguro presentábamos como formas para «recrear» nuestras mentes y nuestros cuerpos con el objetivo de servir mejor al Señor en nuestro trabajo diario. Queríamos que nuestros hijos aprendieran a amar su participación en el trabajo que Dios los llamó a hacer. Y queríamos que vieran la importancia de dedicar una cantidad apropiada de tiempo para la diversión y el descanso, con el objetivo de recargarse, reorientarse y reorganizarse para volver a enfocarse después en las tareas diarias que debían llevar a cabo. «Un corazón apacible es vida para el cuerpo», afirma Proverbios 14:30. Necesitamos esa vida «divertida» en nosotros a través de tiempos felices donde «no haremos ningún trabajo». Puse esas palabras entre comillas porque son las que usa la Biblia más de doce veces cuando Dios diseñó el calendario anual de Israel. El pueblo de Israel debía participar en varias fiestas y festivales que se caracterizaban por la alegría y la celebración, eventos durante los cuales a las personas se les decía: «No haréis ningún trabajo servil». Tenemos que programar esta clase de actividades para nuestros hijos, cada semana y a lo largo de todo el año. No podrán negarse a estos tiempos mientras los programas, pero asegúrate de que se entiendan bien como descansos importantes a fin de renovarnos para nuestras tareas diarias.

Aunque muchos irán a trabajar solo para poder descansar, criemos hombres jóvenes que sean cuidadosos en descansar de forma coherente y adecuada de modo que puedan glorificar a Dios en su trabajo.

LA IMPORTANCIA DE LOS HORARIOS

Así como Dios programó un calendario anual para el antiguo pueblo de Israel con un equilibrio perfecto entre el trabajo y el descanso re-creativo, de la misma manera tenemos que ayudar a nuestros hijos, desde una temprana edad, a cumplir los horarios planificados de forma estratégica. Todo comienza con la planificación de las actividades diarias, ya que así nuestros hijos saben que tendrán un día de actividades bien equilibradas: un tiempo para comer, un tiempo para hacer los quehaceres, un tiempo para tomar una siesta, un tiempo para leer una historia, un tiempo para relajarse y un tiempo para los deberes escolares. La constancia con la que los padres y las madres mantengan estos horarios tendrá un efecto en la salud y la estabilidad de la vida de sus hijos.

Planifica los horarios como lo haces con el presupuesto financiero. Si tu hijo no planifica algo, es probable que no tenga tiempo para hacerlo. El tiempo, así como el dinero, a menudo se emplea en las cosas que son fáciles de «comprar». No esperes que le vaya a sobrar tiempo para limpiar su habitación. Si la tarea es una prioridad para ti, o debe serlo para él, necesita programarse.

Cuando nuestros hijos eran pequeños, colocábamos los horarios en un lugar visible de la cocina. Una vez que crecieron, hicimos un horario en la computadora que todos podíamos consultar, revisar y modificar. Siempre recordamos que éramos dueños del calendario y no sus esclavos. Aun así, también teníamos claro de que un horario no servía de nada si no nos proponíamos cumplirlo.

Estoy seguro de que cuando mis hijos piensan en su infancia llena de quehaceres, deberes escolares, cenas familiares, deportes, grupos juveniles, proyectos de servicio, música, estudios bíblicos, paseos al parque y vacaciones, recuerdan su tiempo como parte de una familia que respetaba los horarios, ocupados pero posibles, activos pero razonables y planificados pero productivos. Mi oración es para que el aprendizaje de la disciplina de administrar el tiempo, les ayude a ser administradores fieles de las vidas que les confió Dios.

INCULCA UNA ÉTICA DE TRABAJO VARONIL

Permíteme explicar de nuevo este capítulo desde el punto de vista práctico al proveer un poco de sentido común espiritual que nos resultó útil a mi esposa y a mí a la hora de inculcar una ética de trabajo bíblica en nuestros hijos. Espero que estos consejos puedan ayudarte a crear un sentido positivo de orden, estructura y productividad que dará sus frutos a medida que tu hijo se convierta en hombre.

Levantarse

Como la mayoría de los padres de niños activos, rara vez necesitamos despertar a nuestros hijos antes de que, por naturaleza,

Entonces, ¿qué me dices de...?

LOS NIÑOS VARONES QUE DUERMEN HASTA TARDE

Nuestros hijos pequeños necesitan dormir a pesar de su deseo de levantarse temprano. Sin embargo, ¿qué sucede con nuestros hijos adolescentes? En el caso de los adolescentes, a menudo el problema no es levantarse demasiado temprano. A veces, en los días de escuela, ¡ni siquiera se levantan! Tú o tu cónyuge tienen que ir a sus dormitorios a despertarlos porque no escucharon la alarma, o la escucharon, la apagaron y se volvieron a dormir.

Este es un problema diferente que tiene dos posibles causas. Como adolescentes en crecimiento, puede que necesiten dormir más. En cambio, como adolescentes, puede que también se distraigan a la hora de dormir usando los teléfonos para textear, revisar las redes sociales, ver vídeos, todo esto sin que te enteres tú. Diversos estudios demuestran que las pantallas de esos equipos estimulan la mente; después de apagar el teléfono, tu hijo necesita unos treinta minutos para quedarse dormido. Incluso si la distracción es «solo» una llamada telefónica que se extendió, eso lo mantendrá despierto. Puede que la habitación esté oscura, pero tu hijo está activo. Por tanto, establece la regla de que cuando se apagan las luces, también se apagan los teléfonos. Incluso, pueden llegar al acuerdo de que los teléfonos permanezcan fuera de la habitación a la hora de dormir.

Dichas reglas también ayudarán el domingo por la mañana cuando tu hijo te diga que está muy cansado para levantarse e ir a la iglesia. Aunque puedes permitir que se quede despierto hasta un poco más tarde el viernes y el sábado por la noche, incluso esas noches debes asegurarte de que todas las distracciones, en especial los teléfonos celulares y los audífonos, estén apagados y fuera de su alcance a la hora de dormir.

se despertaran. La batalla, por el contrario, era hacerlos dormir y que se quedaran en la cama hasta una hora razonable. Nosotros, como sus padres, siempre determinamos cuál era esa hora razonable, y estábamos decididos a ganar la batalla de que se quedaran en cama hasta esa hora.

Incluso antes de que nuestros hijos pudieran leer, nos aseguramos de que entendieran cómo descifrar los números del reloj que tenían al lado de la cama. Por ejemplo, les decíamos: «Tu día empezará a las siete en punto, y eso significa que te quedarás descansando tranquilo en esta cama hasta que los números del reloj sean "siete, cero, cero"». Al principio, incluso escribimos los números en una tarjeta de ocho por doce centímetros y la pusimos al lado del reloj.

Hacer que aprendieran la autodisciplina de quedarse tranquilos en sus camas hasta las siete de la mañana les dio a mamá y a papá el tiempo para llevar a cabo nuestras disciplinas espirituales y otras tareas domésticas antes de que nuestros niños estuvieran presentes. Si estableces el estándar y penalizas las infracciones desde el principio, es asombroso lo ordenadas que pueden ser tus mañanas, al menos en comparación a las mañanas en que tienes a tus niños tocando a la puerta de tu habitación a las cinco de la mañana.

La hora de la siesta

En el caso de nuestros hijos, la siesta diaria (que casi siempre se hace hasta que los niños tienen cinco años) se parecía mucho al intervalo que había desde que se despertaban hasta que se levantaban. No necesitaban dormir, pero necesitaban estar quietos en sus camas. Creamos el hábito de no decirles «vayan a dormir», sino «toma un descanso» y «ten un tiempo tranquilo». La hora de la siesta de un niño es una importante ventana de oportunidad para que una madre ocupada haga lo que necesita hacer, lo que a veces significa tomar una siesta ella también a fin de recuperar fuerzas. Con independencia de lo que mamá decida hacer, es importante que nuestros hijos aprendan la disciplina y el autocontrol de quedarse quietos en sus camas, solos, sin pedirles nada a sus padres.

Estos tiempos tranquilos diarios son una importante contribución a su fuerza, energía y habilidad de mantener una buena disposición para no sentirse agotados, enfadados o abrumados. Estos tiempos tienen que respetarse con disciplina, incluso si cuando son pequeños no duermen, sino que se quedan sentados en silencio en sus camas, hojeando un libro o jugando tranquilamente con un juguete. Es importante ser consecuente y disciplinado con estos tiempos, de modo que tus hijos puedan empezar a experimentar el patrón de descanso y «trabajo» que contribuye a su bienestar.

El temporizador de cocina y la lista de verificación

Un sencillo y viejo temporizador de cocina de nueve dólares fue uno de los recursos más usados para ayudar a nuestros niños a aprender y valorar un horario. Ya fuera un tiempo de lectura, un receso o el reto de hacer la tarea de matemática en veinticinco minutos, daba la impresión de que aquel confiable temporizador de cocina sonaba en nuestra casa todo el tiempo. No queríamos que lo vieran como un verdugo, sino que más bien los alentábamos a que lo tomaran como un juego y trataran de «tocar el timbre» cuando terminaban sus diversos deberes, quehaceres y proyectos.

Puede que te sientas tentado a llevar tú el control del tiempo, usando el cronómetro de tu teléfono, pero nuestra meta no era solo recordarles cuándo debían cambiar de una tarea a otra. El objetivo era preparar a nuestros hijos a experimentar la administración del tiempo y aprender la necesidad de los horarios, teniendo cerca aquel temporizador de cocina mientras trabajaban.

Una gran forma de que los niños (y sus padres) sean productivos es hacer una lista de verificación y tachar las tareas a medida que se cumplen durante el día. Hacer listas específicas de cosas por hacer puede ayudar al niño a desarrollar un sentido de progreso y satisfacción. La lista de los «quehaceres» es un ejemplo de esto, pero este sencillo recurso puede usarse de muchas otras maneras. Hacer listas diarias, semanales e incluso mensuales que incluyan las tareas personales, espirituales y educacionales puede marcar una enorme diferencia a la hora de ayudar a nuestros hijos a progresar en distintos aspectos de su vida. Como afirma el dicho: «Si aspiras a nada, ¡eso es lo que obtendrás!». Cultivemos en nuestros hijos una ética de trabajo piadosa al usar listas razonables de cosas por hacer que les proporcionen un sentido de triunfo y cumplimiento de las responsabilidades que los preparará y les permitirá desarrollarse como hombres jóvenes productivos.

Deberes escolares

Los deberes escolares siempre serán una lucha para el niño inquieto. Aun así, la disciplina de mantener su trasero en la silla le será muy útil para el resto de su vida. Pueden hacer este trabajo diario después que tengan un rato para gastar un poco de energía, ya sea jugando baloncesto o pateando la pelota en el patio. Puede ser un rato corto, solo suficiente para que suden un poco antes de enfrentarse con los libros. Cuando son pequeños, les puedes enseñar a priorizar su trabajo de la tarde, poniendo las tareas más desafiantes en el primer lugar de la lista.

En nuestro caso, Carlynn ponía el temporizador y les decía que tendrían un receso de diez minutos después de trabajar durante cincuenta minutos. Cuando eran más pequeños, digamos, de primero a tercer grado, el tiempo de trabajo era de veinticinco minutos y luego el receso. Los recesos no eran para ver televisión ni jugar con aparatos electrónicos. Teníamos muchas pelotas, canastas, pistolas de juguete, juegos de tiro al blanco, palos de golf para niños y una pequeña cantidad de pelotas de golf. Queríamos que nuestros hijos se levantaran, lanzaran cosas, hicieran canastas o incluso que lucharan entre sí durante diez minutos. Luego, regresaban a los libros hasta que terminaban la lista de deberes escolares de esa tarde.

Para los niños Fabarez, la tarea diaria llegaba a su fin de manera oficial cuando terminaban de empacar sus mochilas para el día siguiente y las ponían al lado de la puerta. Las listas de prioridades, los temporizadores y los recesos fueron útiles para ayudarlos a llegar a ese satisfactorio momento de cerrar sus mochilas listas para el siguiente día.

TAREAS QUE PREPARAN PARA LA ADULTEZ

La cena

En nuestro hogar lleno de ocupaciones, no siempre era posible cenar juntos, pero sí nos esforzábamos para que fueran más las veces que cenábamos juntos que las que no. Cuando terminaban sus deberes, a menudo les pedíamos a los niños que terminaran de jugar afuera lo bastante temprano como para tener tiempo de bañarse y ayudar a mamá con los preparativos de último minuto para la cena. Ponían la mesa, rallaban el queso y servían la leche.

Después de la cena, los niños siempre debían recoger la mesa, limpiar la cocina, guardar lo que sobró y hacer cualquier otra cosa que fuera necesaria. Al ser miembros de la familia, estos quehaceres nocturnos no solo se consideraban quehaceres, sino requisitos básicos para disfrutar los beneficios de una cocina funcional. Anima a tus hijos a participar, de modo que aprendan los quehaceres del hogar antes de que salgan de tu casa. No solo aprenderán una habilidad esencial para la vida a una temprana edad, sino que evitarás que tus hijos crezcan pensando que se lo merecen todo y que las otras personas están obligadas a satisfacer todos sus antojos y necesidades.

El lavado de la ropa

Antes de que tu hijo se marche de la casa, harías bien en enseñarlo y darle la responsabilidad de separar su ropa, ponerla en la lavadora, secarla, doblarla, plancharla y, tal vez, remendarla. En algún momento, durante el instituto, si no antes, enséñale a tu hijo a usar esas máquinas que hacen la mayor parte del trabajo por nosotros. Los abuelos de nuestros abuelos se reirían si vieran la renuencia de los padres modernos de darles a sus hijos la tarea de lavar y secar la ropa en estas «máquinas milagrosas» de las que ellos no supieron nada.

Así como aprender lo que se necesita para preparar una comida, es importante que nuestros hijos aprendan que sus ropas no mutan por arte de magia de un bulto desaliñado en el cesto a una pila de ropa doblada en el clóset. Enséñales a poner un botón, coser un dobladillo, quitar una mancha y a poner la cantidad adecuada de detergente en la lavadora. A menos que estés pensando en mandar un mayordomo con ellos a la universidad, tarde o temprano tendrán que enfrentar este reto. Enséñales con tiempo y dales la satisfacción de ocuparse de su ropa.

Ve a rastras, pero no llames

Todos sabemos lo que significa ir a trabajar con gripe o tener que soportar la tos en una reunión mientras nos esforzamos para cumplir con una fecha límite en el trabajo. Si cada estornudo de nuestros hijos es una excusa aceptable para faltar a la iglesia, quedarse en casa y no ir a la escuela, o para faltar a un juego, nunca les enseñaremos la habilidad básica de trabajar a pesar de los pequeños malestares físicos. Esta es una parte muy importante a la hora de criar hombres en vez de niños. Los preparamos para ser adultos.

Claro que no incluyo esos días en que nuestros hijos tienen fiebre o están infectados con una enfermedad contagiosa, pero todos los padres deben aprender pronto que la variedad de dolores de estómago y mañanas de «No me siento bien» no siempre son importantes impedimentos. Debemos enseñarles a nuestros hijos que los dolores y molestias menores de la vida a menudo necesitan apartarse debido a las tareas del día.

Espera que tus hijos te prueben una y otra vez en esto. Quieren saber cuán flexible serás al dejarlos solos cuando afrontan algo difícil, desagradable o estresante. Puede ser exagerado decir que un buen trabajador se «va a rastras» en lugar de «llamar», pero algunos días todos nos sentimos de esa manera. Enséñales este importante aspecto de una ética de trabajo varonil al animarlos a superar los pequeños malestares de la vida cotidiana.

7

AYÚDALO A MANTENER EL DOMINIO SOBRE SU BILLETERA

El dinero. ¡Qué lío!

En el mundo de los adultos, lleno de hipotecas, impuestos, reparaciones de autos y primas de seguros médicos, no se requiere mucha experiencia para tener una reacción intuitiva de frustración con respecto al problema de las finanzas personales. Con tanto estrés e irritación asociados con los presupuestos familiares, las facturas mensuales y nuestra necesidad de tener ahorros adecuados para el futuro, la mayoría de los padres decide proteger a sus hijos pequeños de esta frustrante parte de la vida.

Sin embargo, no debemos hacerlo; al menos, no por completo. Como padres cristianos responsables, tenemos que preparar a nuestros niños para que sean administradores fieles y confiables de las bendiciones materiales que Dios les confiará cuando paguen hipotecas y ahorren para la universidad de nuestros nietos.

POR AMOR AL DINERO

Antes de intentar transmitirles a nuestros hijos nuestra instrucción paternal con respecto al dinero, mejor retrocedemos y nos aseguramos de alinear nuestros pensamientos con la sabiduría eterna de Dios acerca de este tema tan volátil. Y ese es un buen lugar para comenzar, con uno de los versículos bíblicos más familiares sobre el dinero, que habla de sus efectos explosivos: «Pues el amor al dinero es la raíz de toda clase de mal; y algunas personas, en su intenso deseo por el dinero, se han desviado de la fe verdadera y se han causado muchas heridas dolorosas» (1 Timoteo 6:10).

¡Con toda seguridad no queremos esos nefastos efectos en la vida de nuestros hijos! Por tanto, conscientes de que la Biblia es clara con respecto a que la relación de nuestro hijo con el dinero tiene el potencial de desviar su desarrollo e intereses espirituales, mejor comenzamos temprano a educarlo sobre cómo Dios quiere que interactúe con esta parte ineludible de la vida.

Fíjate, por ejemplo, que este versículo a menudo se cita mal. No dice que «el dinero es la raíz de toda clase de mal» sino que «el *amor* al dinero es la raíz de toda clase de mal». Esa es una gran diferencia. No podemos escapar de una vida de interacción con el dinero y muchos hombres temerosos de Dios harán esto durante toda su vida con corazones ejemplares. El problema empieza cuando los hombres empiezan a amar, anhelar y perseguir el dinero como si tuviera el poder que no tiene.

La mentira acerca del dinero

Pareciera que todo el mundo, en especial nuestros hijos jóvenes e inexpertos, son susceptibles a la mentira de que más dinero hará posible que tengamos lo que realmente anhelamos. Esta es una mentira que muchas personas nunca superan. Sí, más dinero empleado en un carro hará posible que tengas un carro más agradable. De eso no cabe duda. Más dinero metido en una casa hará posible que tengas una casa más agradable con más lujos y comodidades. Eso es cierto. Pero tenemos que escuchar la sabiduría de Dios, junto con el testimonio de innumerables personas que han insistido en el hecho de que cosas más agradables y un incremento de las comodidades y los lujos no garantizan lo que pensábamos que nos darían.

Debido a que las personas son hechas a la imagen de Dios, todas tienen necesidades sinceras de cosas que Dios es capaz de proveer a través de diversos medios que no requieren una gran cuenta de banco. Por naturaleza anhelamos la alegría, la seguridad y la realización, pues todas son parte de nuestra naturaleza como criaturas hechas para tener relaciones, en especial para una relación fundamental con nuestro Creador que está libre de la culpa y del pecado controlador. Estos anhelos fundamentales no se pueden satisfacer con una compra en el centro comercial o en la oficina de bienes raíces. Es por eso que la Biblia nos recuerda lo que hemos escuchado muchas veces pero decidimos ignorar. Piensa en los reyes más ricos del Antiguo Testamento:

Me dije: Ven ahora, te probaré con el placer; diviértete. Y he aquí, también esto era vanidad. Dije de la risa: Es locura; y del placer: ¿Qué logra esto? Consideré en mi mente cómo estimular mi cuerpo con el vino, mientras mi mente me guiaba con sabiduría, y cómo echar mano de la insensatez, hasta que pudiera ver qué hay de bueno bajo el cielo que los hijos de los hombres hacen en los contados días de su vida. Engrandecí mis obras, me edifiqué casas, me planté viñedos; me hice jardines y huertos, y planté en ellos toda clase de árboles frutales; me hice estanques de aguas para regar el bosque con árboles en pleno crecimiento. Compré esclavos y esclavas, y tuve esclavos nacidos en casa. Tuve también ganados, vacas y ovejas, más que todos los que me precedieron en Jerusalén. Reuní también para mí plata y oro y el tesoro de los reyes y de las provincias. Me proveí de cantores y cantoras, y de los placeres de los hombres, de muchas concubinas. Y me engrandecí y superé a todos los que me precedieron en Jerusalén; también la sabiduría permaneció conmigo. Y de todo cuanto mis ojos deseaban, nada les negué, ni privé a mi corazón de ningún placer, porque mi corazón gozaba de todo mi trabajo, y ésta fue la recompensa de toda mi labor. Consideré luego todas las obras que mis manos habían hecho y el trabajo en que me había empeñado, y he aquí, todo era vanidad y correr tras el viento, y sin provecho bajo el sol. (Eclesiastés 2:1-11)

Sé lo que estás pensando. Es lo mismo que pienso yo cada vez que alguien da un testimonio acerca de llegar a la cima, tenerlo todo: los autos deportivos, los contratos lucrativos, las casas gigantescas, el avión privado, y luego dice: «¡Nada de eso me hizo feliz!». Pienso: «Déjame intentarlo; creo que podría ser feliz con todas esas cosas».

Pero mira los programas de televisión sobre la maldición de los ganadores de la lotería o lee las historias de las ex-estrellas deportivas, o las biografías de las personas que lo tuvieron todo y, en algún momento, nos damos cuenta de que la evidencia acumulada de seres humanos que son lo suficientemente honestos como para decir que comprar cosas mejores y más grandes no les proporcionó mejores matrimonios, empleos más satisfactorios, o una relación más satisfactoria con Dios.

Tú y yo, así como nuestros hijos, no tenemos que probarlo. Es un espejismo. Tener algo de dinero es mejor que no tener nada, seguro, pero los cristianos, a diferencia del resto de las personas, deben ser capaces de decir, junto con el apóstol Pablo, que hemos aprendido «el secreto tanto de estar saciado como de tener hambre, de tener abundancia como de sufrir necesidad» porque estamos conscientes de la gran mentira con respecto al dinero y del valor incomparable de las relaciones correctas, empezando por la relación con el propio Dios (lee Filipenses 4:11-13).

Alcanzar esta clase de contentamiento a través de un interés piadoso de conocer a Cristo y de una relación correcta con las personas que Dios pone en nuestras vidas debe reemplazar la búsqueda infructífera de la felicidad mediante la acumulación de riquezas y de las cosas que éstas pueden comprar. Esa es la lógica que precede el familiar versículo acerca del «amor al dinero» en el pasaje que vimos primero.

Pero la piedad, en efecto, es un medio de gran ganancia cuando va acompañada de contentamiento. Porque nada hemos traído al mundo, así que nada podemos sacar de él. Y si tenemos qué comer y con qué cubrirnos, con eso estaremos contentos. Pero los que quieren enriquecerse caen en tentación y lazo y en muchos deseos necios y dañosos que hunden a los hombres en la ruina y en la perdición. (1 Timoteo 6:6-9)

Jesús dijo: «La vida de una persona no depende de la abundancia de sus bienes» (Lucas 12:15). Es hora de que probemos que creemos esta verdad por la forma como enseñamos a nuestros hijos y vivimos nuestros valores delante de ellos cada día.

¿Generosidad o avaricia?

Desde el principio, Dios desea que la familia en que tu hijo se educa se caracterice por la generosidad y no por la avaricia. ¿Vive tu hijo en un hogar donde es testigo de la poca importancia del dinero comparado con las relaciones? ¿O tu hijo, como tantos, vive en un hogar que declara que el dinero no es importante, pero sus padres anhelan y buscan tener más de él? En otras palabras, ¿ocupan las riquezas un lugar primordial en tus celebraciones, en tus conversaciones y en tus prioridades? La Escritura afirma: «El que ama el dinero no se saciará de dinero, y el que ama la abundancia no se saciará de ganancias» (Eclesiastés 5:10). Es una especie de adicción. Sería como explicarles a tus hijos durante el fin de semana sobre el daño de fumar, pero luego pasarte toda la semana con el nerviosismo por buscar tu próximo cigarrillo.

El problema con esa ilustración es que, a diferencia del fumador adicto a la nicotina, quien puede eliminar esto con varios tratamientos (o atravesar la abstinencia «de sopetón»), no podemos deshacernos del dinero, un elemento esencial del comercio y, a menudo, de la supervivencia. Aun así, hay una manera de romper nuestra inclinación a anhelar dinero. Fíjate en el consejo de Dios de nuestro pasaje en 1 Timoteo:

A los ricos en este mundo, enséñales que no sean altaneros ni pongan su esperanza en la incertidumbre de las riquezas, sino en Dios, el cual nos da abundantemente todas las cosas para que las disfrutemos. Enséñales que hagan bien, que sean ricos en buenas obras, generosos y prontos a compartir, acumulando para sí el tesoro de un buen fundamento para el futuro, para que puedan echar mano de lo que en verdad es vida. (6:17-19)

Las instrucciones no son para eliminar todo el dinero de tu entorno ni renunciar al trabajo bien pagado. No, la exhortación bíblica es para demostrar tu falta de apego a este inestable recurso. Es un llamado a ejercer la humildad, a confiar en que Dios provee lo que es necesario. Al poner nuestras esperanzas «en Dios, el cual nos da abundantemente todas las cosas para que las disfrutemos», podemos establecer un patrón regular de hacer el bien, el cual incluirá muchos actos generosos de dar y compartir. Esto, se nos dice, es un componente indispensable de lo que se describe como «lo que en verdad es vida»: las cosas que el dinero no puede comprar.

COMPARTIR

¿Quieres enseñarles a tus hijos varones a ser generosos con su dinero? Si es así, primero tienes que enseñarles cómo compartir. Compartir nuestras posesiones es una muestra de que no somos adictos a las cosas que el dinero puede comprar. Estar listo para compartir es estar dispuesto, deseoso y comprometido con la práctica de permitir que otras personas disfruten de las cosas que compró nuestros dinero.

Todos los padres perciben de modo intuitivo la fealdad de un niño que acapara de manera egoísta sus juguetes y se niega a compartirlos. Por naturaleza, los padres consideran «apropiado» que sus hijos compartan, ¡en especial cuando hay otros padres cerca que están mirando! Esta embarazosa situación es muy común y nos recuerda que si no les enseñamos a nuestros hijos a compartir en casa, de seguro no lo harán en la guardería de la iglesia ni en el patio de juego de la escuela, y lo más probable es que tampoco será un patrón en su vida adulta.

Enseñarles a nuestros hijos a compartir requerirá, por supuesto, que seamos firmes en esos momentos cuando tenemos que quitarles algo de las manos y lidiar con el lloriqueo que vendrá después. En cambio, el patrón de experimentar algo «que en verdad es vida» de lo que habla la Biblia cuando estamos dispuestos a compartir, tiene que ejemplificarse en nuestros hogares y no solo enseñarse cuando los hijos de nuestros amigos están de visita en nuestra casa. Debemos mostrarles a nuestros hijos con el ejemplo que estamos dispuestos, deseosos y comprometidos con la práctica de permitir que otros experimenten los beneficios de las cosas que compramos.

Entonces, ¿qué me dices de...?

LA ENSEÑANZA DE LA HOSPITALIDAD

¿Qué hacen tus hijos mientras observan cómo atiendes a los invitados en casa? Permíteles que practiquen la hospitalidad contigo. Desde la edad más temprana posible, haz que tus hijos te ayuden a preparar la casa, colocar la comida, encender las velas, aspirar el piso, poner la mesa y saludar a los invitados en la entrada.

Dales instrucciones con antelación acerca de cómo atender tanto a tus invitados como a los hijos de tus invitados mientras están en tu casa. Ponlos a pensar en cómo pueden hacer que los niños se animen a participar en diferentes juegos, haz que tengan conversaciones personales con adultos y busca formas para que todos los niños participen en los eventos y actividades que tendrán lugar.

Si no hay otros niños en tu casa esa noche en particular, asegúrate de que les aclaraste muy bien a qué hora tenían que ir a dormir y de qué manera su regalo sacrificial para tus invitados es su obediencia para ir a la cama sin objeciones ni quejas.

Cuando tus hijos tengan la edad suficiente para estar levantados cuando se marchen tus invitados, asegúrate de que participen contigo en la limpieza con alegría, disposición y sin quejarse. Háblales acerca de la noche, mientras ordenan y limpian la cocina.

¿Invitas personas a tu casa de manera regular? Es obvio que esto no es sin costo, inconveniencias y cierto nivel de presión, pero es una expresión de la virtud bíblica de la hospitalidad que tus hijos experimentarán y aprenderán de ti, o les resultará algo extraño y ausente de su infancia. Deja que tus hijos vean tu gracia y generosidad mientras haces con mucho gusto los preparativos para los invitados, los recibes con amabilidad y los perdonas con paciencia cuando derraman café en tu alfombra. Esto dirá mucho acerca de que valoras a las personas por encima de las cosas. Modelarás para ellos la esencia del atributo cristiano de amar a las personas en vez de a las cosas que puede comprar tu salario. Y pueden practicar la hospitalidad contigo. (Consulta el recuadro «Entonces, ¿qué me dices de...?»).

Tu hogar es la forma más completa de modelar tu prioridad de las personas sobre las cosas, pero puede que no sea lo que más impresione a tus hijos varones. Por ejemplo, tu disposición de compartir tu vehículo con una familia de la iglesia que lo necesita podría ser una lección duradera para tu hijo. Puede que tus hijos recuerden como una virtud, y que imiten décadas más tarde, un regalo costoso que le entregas con alegría al vecino de al lado que atraviesa una época difícil en su vida. Piensa de manera práctica, y procura ser ejemplo para tus hijos de un patrón diario de ayuda, generosidad y desapego a las cosas de este mundo por amor a Cristo.

LAS DÁDIVAS PARA LA IGLESIA

Mi segundo hijo, John, tenía unos cinco años cuando le pedí que tomara todo lo que tenía en la «vasija de las ofrendas» que estaba encima de la cómoda, para colocarlo en la ofrenda en la iglesia el domingo siguiente. (Lee más acerca de la «vasija de las ofrendas» en la página 145). Perplejo, me miró y me dijo: «Pero pensé que le íbamos a dar ese dinero a Dios». Sonreí y le pregunté: «¿Cómo sugieres que hagamos eso?».

Se encogió de hombros.

John, por supuesto, tenía la buena intención de darle a Dios, pero ignoraba cuál es el medio por el que damos. Por otra parte, demasiados cristianos adultos se enfocan por error en el papel intermediario del presupuesto de la iglesia y pasan por alto la intención bíblica de dar nuestros recursos materiales como un acto de adoración a Dios.

Como padres, queremos que nuestros hijos estén seguros de que mantienen su enfoque en el principal destinatario de nuestras ofrendas, con una apreciación inteligente de la iglesia que recibe las mismas en su nombre. Así como en el Antiguo Testamento, donde los sacrificios y las ofrendas diarias de los israelitas suplían las necesidades operativas del centro de adoración y la comida para los sacerdotes levíticos, nuestras dádivas financieras para Dios se combinan a fin de pagar la factura de la electricidad de la iglesia, las primas del seguro de salud de los empleados, y para mantener cada instalación y mueble en el edificio. Debemos ayudar a nuestros hijos a entender esta importante disposición que ordenó Dios, sin que pierdan de vista la naturaleza sagrada del dinero que traen para dar en la ofrenda semanal.

El acto de tu hijo de dar de sus finanzas al Señor es sagrado e importante, no solo porque Dios ordenó que le diéramos ofrendas (Proverbios 3:9), sino también porque es un ejercicio para recordar que nuestro Creador y Sustentador es el Dador de *todo* lo que tu hijo tiene y tendrá. Debemos enseñarles desde muy temprano la total dependencia que todos tenemos en forma inherente de la provisión continua del Señor en nuestras vidas. Puede que esto no sea un reto cuando son pequeños, pues toman dinero de tu mano para depositarlo directamente en el plato de la ofrenda, pero si no aprenden temprano esa lección, cuando lleguen al instituto y empiecen a trabajar en el local de comida rápida que está cerca de la casa, empezarán a imaginarse tontamente que el cheque de pago que se ganan lo obtuvieron por sus propios esfuerzos. Dios corrigió en seguida esta manera de pensar en el quinto libro de la Biblia: «No se te ocurra pensar: "Esta riqueza es fruto de mi poder y de la fuerza de mis manos". Recuerda al Señor tu Dios, porque es él quien te da el poder para producir esa riqueza» (Deuteronomio 8:17-18a, NVI®).

Si no fuera por Dios con su generosa provisión de vida, salud y una mente que funcione como es debido, el trabajador más esforzado sería incapaz de ganar un solo centavo. Nuestros niños deben aprender a expresar esta comprensión fundamental de la participación activa de Dios en su creación aprendiendo a darle a Dios, al participar con regularidad en la adoración de dar a la iglesia.

Aunque el Nuevo Testamento no vuelve a legislar los diversos diezmos que debían dar los israelitas (sí, eran más de uno), el diezmo, que significa «la décima parte», no es un mal lugar para empezar con nuestros hijos. Nosotros siempre animamos a nuestros hijos para que dieran más del diez por ciento, recordándoles que «Dios ama al dador alegre» (2 Corintios 9:7). Con solo inculcarles la simple idea de que a Dios le encanta nuestra generosidad, mis hijos le daban a Dios hasta el cincuenta por ciento de su paga. Sus corazones desafiaban esta generosidad a medida que fueron creciendo y ahorraban para comprarse alguna cosa, pero de seguro que la práctica de dar mucho estableció un patrón que desarrolló hábitos duraderos.

Cuando dar les resulte difícil a tus hijos, recuérdales que nunca deberían decir que no pueden permitirse el lujo de dar. ¡La realidad es que no pueden permitirse no hacerlo! La disposición de Dios hacia sus criaturas generosas no es diferente de su disposición hacia tu hijo cuando es generoso. La mañana que veo a mi hijo ser tacaño y egoísta con sus juguetes, mi respuesta a sus pedidos en la tienda por departamentos esa tarde no fue muy entusiasta. Por otro lado, si veo a mi hijo compartiendo y ofreciendo sus juguetes, es probable que mi respuesta a sus deseos en el centro comercial ese día sea mucho más benévola. Esta es también la reacción razonable de nuestro Creador y se aplicará a lo largo de la vida de tu hijo. La Escritura dice: «Hay quien reparte, y le es añadido más, y hay quien retiene lo que es justo, sólo para venir a menos. El alma generosa será prosperada, y el que riega será también regado» (Proverbios 11:24-25).

LA PAGA

Sería imprudente esperar hasta que nuestros hijos tengan trabajos después de la escuela para que sientan el sentido bíblico del sacrificio cuando dan. Esta es una de las principales razones por las que establecí la paga de mis hijos tan pronto como tuvieron conciencia de que el dinero es importante y les podía proporcionar diversas cosas que querían. Por supuesto, como padres, compraremos las cosas que necesitan nuestros hijos (¡y algunas más!), pero quería que mis hijos administraran una pequeña cantidad de dinero cada semana, a fin de que lograran experimentar su poder adquisitivo, ¡en combinación con el llamado a dar una parte de la misma! Esto es cuando dar a Dios y a los demás comienza a significar algo, cuando se siente.

He escuchado a algunos padres decir: «No quiero darles a mis hijos una paga por hacer quehaceres que son inherentes a formar parte de una familia». Entiendo esa forma de pensar, pero mi motivación para entregarle una paga a mis hijos pequeños se trata menos de la relación entre el trabajo y el salario, y más acerca de la oportunidad de preparación y orientación que esto proporciona para aprender a dar una porción generosa de lo que valoran. Dicho esto, debo dejar claro que cuando mis hijos descubrieron que podrían comprar un caramelo o un juguete pequeño con su propio dinero, se sintieron emocionados y comenzaron a aprender el valor del dinero. En cuanto a mí, controlaba de buena gana esa pequeña fuente de ingresos para desarrollar tanto su fidelidad para manejar el dinero y aprender la ética de trabajo piadosa que vimos en el capítulo anterior. Y, por supuesto, les recordaba que debían dar una porción de su paga al Señor a través de la iglesia.

LOS AHORROS

Dios siempre ha aconsejado la prudencia en nuestros ahorros. Nos aconseja que consideremos la hormiga que «prepara en el verano su alimento, y recoge en la cosecha su sustento» (Proverbios 6:8). Se nos dice que «la riqueza ilusoria, disminuye; el que la junta poco a poco, la aumenta» (13:11). La virtud bíblica del ahorro, sin embargo, nunca debe usarse como una tapadera para el acaparamiento. Este es un equilibrio delicado para los cristianos. Debemos inculcar en nuestros hijos que el ahorro es importante y necesario, pero que no puede utilizarse como excusa para no dar con fidelidad a Dios o a los demás cuando lo necesiten.

Desde el momento en que comienzas a darle a tu hijo una paga, asegúrate de insistir en que ahorre para el futuro. Este no es el tipo de ahorro a corto plazo para un juego o un patinete. Me refiero al tipo de ahorro al que no se accederá durante varios años. Les abrí cuentas de ahorro a mis hijos en mi banco, y desde que estaban en la escuela primaria, les recordaba la necesidad de comprar un auto usado cuando obtuvieran su licencia de conducir, y sobre esa cosa tan costosa llamada anillo de compromiso, el cual tendrían que comprar cuando quisieran casarse algún día. Cuando los abuelos y otros familiares comenzaban a dar dinero en efectivo por los cumpleaños o la Navidad, les recordaba sus necesidades a largo plazo, y muchas veces elegían ahorrarlo todo, excepto el diez o quince por ciento que le daban a Dios.

Es posible que desees igualar estos ahorros a largo plazo cada vez que realizan un depósito, al menos durante sus primeros años. Hice esto y me resultó fácil cuando guardaban diez o veinte dólares. Me resultó más difícil en esas Navidades o cumpleaños cuando sus abuelos se volvían locos con los regalos en efectivo. Sin embargo, ellos ahorraban y yo decidía hacer coincidir sus depósitos hasta que cumplieron dieciséis años. ¡Y me alivia informar que mis hijos han ahorrado con fidelidad lo suficiente a lo largo de los años (con mi apoyo correspondiente) para que ambos compren autos usados, con dinero en efectivo, cuando obtuvieron sus licencias de conducir! Incluso con esa gran compra, todavía tenían un saldo modesto que les permitía continuar para la siguiente gran compra.

LLÉVALO A LA PRÁCTICA

Permítanme concluir con algunos pasos prácticos para ayudar a tu hijo a aprender a ejercer el dominio sobre su billetera.

La paga semanal

Sería difícil para mí sugerirte una cantidad para que puedas presupuestar la paga de tu hijo. Eso dependerá de cuándo y dónde vives y las realidades económicas de tu familia. Diré que la cantidad debe aumentar con la edad de tu hijo. Deberías comenzar, como escribí antes, cuando tu hijo comprenda que el dinero se puede usar para adquirir cosas del estand junto a la caja registradora o en la sección de juguetes del supermercado. Entonces, empieza y continúa haciéndolo con regularidad, de modo que tu hijo adquiera el hábito de dar y ahorrar. En otras palabras, asegúrate de que sea lo suficiente como para que experimente el sacrificio de dar y ahorrar dinero que, por naturaleza, les gustaría gastar en cosas que disfrutan de veras ahora.

La vasija de las ofrendas

Mi esposa y yo decoramos vasos de plástico que ocupaban un lugar destacado en cada una de las cómodas de nuestros hijos y estaban marcados como «Dinero para Dios». Tan pronto como recibían su paga, lo primero que hacían era acercarse a su cómoda y poner una parte de ese dinero en la vasija de «Dinero para Dios». Este es el principio de dar las primicias, o «los primeros frutos», como lo explica la Biblia para esa cultura agraria. Cuando llegaba la cosecha, la primera porción de esta debía entregarse al Señor. Si una parte del dinero que recibe tu hijo no entra de manera física e inmediata en la vasija de las ofrendas, puede que sin darte cuenta le enseñes a tu hijo darle a Dios sus sobras. No lo hagas. A nuestros hijos, siempre les permitíamos elegir la cantidad para poner en esa vasija, mientras que fuera más del diez por ciento.

Hacía que mis hijos vaciaran la vasija cada cierto tiempo (más o menos cada mes), que pusieran el dinero en un sobre y lo llevaran a la iglesia. Si se ofrenda en la Escuela Dominical o el grupo juvenil de tu hijo (lo que recomiendo que se haga), pídeles que pongan su sobre en el plato, la bolsa o la caja de la ofrenda. De lo contrario, pídeles que se lo entreguen a Dios en el servicio principal o que te lo den a ti para que lo ofrezcas por ellos.

La vasija de los ahorros

Puesto al lado de la vasija para ofrendar en sus cómodas había un vaso de plástico a juego que decía «Dinero para ahorros». Esta era la segunda tarea después de obtener su pequeña cantidad de dólares. Podrían elegir poner lo que quisieran en este vaso. (Se apresuraban a recordarse entre sí que esta era la cantidad que igualaría el papá). Incluso, puedo recordar que, debajo de las palabras «Dinero para ahorros», uno de ellos escribió las palabras «¡Papá iguala!». Ja, ja, ja. Fue lindo antes de que doliera. Sin embargo, su joven prudencia aumentó y les proporcionó beneficios.

Alrededor de una vez al mes les pedía que vaciaran sus vasijas de ahorros y me dieran los billetes y monedas de modo que pudiera igualar la cantidad que debía transferir a sus cuentas de ahorro en línea. Luego, alisaba los billetes doblados y los reciclaba como una parte de su paga semanal.

Las billeteras y los bancos

Aquí tienes dos enfoques que he encontrado útiles. Cómprale a cada hijo una billetera y después ábrele una cuenta bancaria. Cuando mis hijos estaban en la escuela primaria, les compré billeteras en las que guardaban «el dinero para uso diario». Cuando llegaron a la adolescencia, descubrí un sitio bancario en línea que les permitía tener acceso a una cuenta especial: esto hizo posible que tuvieran su primera experiencia con la banca en línea. Era limitada, pero para ellos fue útil recibir en forma electrónica la paga que les daba y tener la posibilidad de emplearla mediante una tarjeta de débito. Esta cuenta no tenía nada que ver con sus cuentas de ahorros, las que les mantenía como cuentas asociadas en mi banco. No tenían acceso a esos fondos, los que acordamos que serían para autos usados y pequeños diamantes.

En su época del instituto, encontré un banco que tenía acceso nacional; pensé que esto les sería útil en la universidad. Era una «cuenta de estudiante» especial con varias limitaciones, a la que yo tenía acceso total, incluyendo las alertas de gastos. Cuando se fueron a la universidad, estas cuentas se convirtieron en cuentas de cheques regulares, en las que sus empleadores depositaban directamente sus salarios por el trabajo a tiempo parcial.

La dádiva de regalos

Hay muchas situaciones en la infancia donde se espera (o debería esperarse) que tu hijo haga un regalo: Día de las Madres, fiestas de cumpleaños de amigos, Navidad, etc. Hasta los nueve o diez años de edad, es probable que tu hijo pueda escapar con obras de arte originales y varias artesanías, pero a la larga los regalos que cuestan dinero son la norma.

Muchos padres solo compran presentes para que sus hijos entreguen a sus amigos o familiares. Sin embargo, recomiendo que hagas que emplee al menos una porción de su propio dinero para esos regalos. Es difícil que regalar algo que no le cueste nada cree en él un carácter generoso. De modo que, incluso si el resto de los padres compra los regalos que sus hijos entregan en la fiesta de cumpleaños, haz que tu hijo invierta un par de dólares en su regalo. Y sabiendo que el presupuesto de tu hijo solo alcanza para comprar un pequeño regalo que lo hará sentir mal si lo compara con el de los demás, pon tú el resto cuando él escoja el regalo para su amigo.

LA CRIANZA DE HOMBRES EN UN MUNDO DONDE LA MITAD ES DE MUJERES

Ya lo sabes: el sexo vende. Y sexo es lo que el mundo les venderá a tus hijos durante toda su vida. A menos que vivas con la cabeza metida en la arena, no necesito citar las abrumadoras estadísticas sobre la cultura saturada de sexo en la que vivimos.

Incluso si fuera a registrar las decenas de miles de anuncios, alusiones en los medios saturados de sexo que bombardearán a tu hijo cada año, mis alarmantes estadísticas no estarían actualizadas para cuando llegara este libro a tus manos. Lo que la llamada «revolución sexual» marcó el comienzo de nuestra cultura occidental durante la década de 1960, ha desencadenado un torrente de seducciones cargadas de hormonas en las que tú y yo tenemos el llamado a criar a nuestros hijos. Y está empeorando.

Sin embargo, no te desesperes. No te lleves las manos a la cabeza ni pienses que es imposible criar hombres jóvenes piadosos en un mundo como el nuestro. No permitas que los ingenuos te convenzan de que la Biblia no es de ayuda debido a que su instrucción está irremediablemente alejada de las tentaciones que afronta la generación de tu hijo. No, el Libro que Dios nos entregó no se escribió en un contexto cultural puritano ni en el contexto de una ruborizada sociedad victoriana. ¡De ninguna manera! Gran parte del período histórico en el cual Dios escogió para inscribir su verdad salvadora y sus instrucciones prácticas estuvo marcado por tales normas sexuales desenfrenadas que muchas de esas generaciones del «tiempo de la Biblia» sentirían envidia de las restricciones que aún permanecen en nuestros días.

Eso, por supuesto, no quiere decir que no debamos estar vigilantes y preparados; es solo para dejar claro que cuando Dios trata asuntos relacionados con la santidad personal y la pureza sexual, podemos estar seguros de que, incluso si nuestro gueto cultural se vuelve tan promiscuo y desaforado como Sodoma y Gomorra, el Señor sabe cómo rescatar a los suyos de las tentaciones. Es más, la Biblia declara esto de manera específica en 2 Pedro 2:6-9. No será fácil, pero podemos tener esperanza, sabiendo que el reto no es nada nuevo para los que procuran criar hijos varones piadosos.

PROTEGER EN VEZ DE DENIGRAR

Debido a la forma en que esta promiscuidad descomedida y todas las seducciones sexuales se han intensificado desde la época en que éramos niños, es comprensible que algunos padres adoptaran el enfoque de «proteger» a sus hijos al tratar de denigrar y criticar todo el tema del sexo. «Si logramos que piensen mal de las chicas y del sexo, y que bromeen diciendo que se casarán cuando tengan cuarenta años», razonan tontamente, «se mantendrán fuera del campo minado del pecado sexual». En cambio, este enfoque demasiado común es erróneo y antibíblico. Además, este enfoque fracasará debido a su próximo tsunami hormonal o, lo que es peor, los llevará a la clandestinidad, lejos de cualquier conversación o consejo tuyo, y entrarán a un mundo secreto y oculto de perversión y desviación.

Como padres, podemos aprender algo de las fuertes advertencias en contra del pecado sexual escritas en el libro de Proverbios para los «hijos». Este libro bíblico está situado dos puertas más abajo de la celebración abierta de bodas y el sexo conyugal en Cantares. Sin duda, la sabiduría inspirada por Dios de Salomón trató de proteger a la próxima generación de jóvenes de perseguir la indulgencia sexual egoísta con las prostitutas, sin difamar los poderosos y gratificantes regalos del romance, el matrimonio y el sexo.

Entonces, si descubres que en los últimos tiempos no has hablado bien del matrimonio y el romance con tu hijo, tal vez cayeras en la trampa de intentar desechar el tema de los deseos sexuales en un esfuerzo por mantenerlo alejado del asiento trasero del auto con su novia. ¡Esa es una estrategia perdedora! Hablar es importante, tanto sobre la verdad de lo que sucede (o va a suceder pronto) en su cabeza, corazón y flujo sanguíneo, así como sobre las advertencias severas *y* conversaciones positivas respecto a la gratificante experiencia del amor conyugal y el romance.

Por cierto, pudiera parecer que la estrategia de denigrar el sexo da mejores resultados con las hijas, pero lo cierto es que solo «resulta» como una prevención a corto plazo que tristemente acarrea efectos secundarios desastrosos a largo plazo que no quisieras que tuviera tu futura nuera. Pero eso, supongo, ¡es un debate para otro libro!

EL PODER DEL DESEO SEXUAL

Mucho antes de que tu hijo sienta deseos sexuales, nuestra cultura lanzará en su camino imágenes, vallas e historias como si ya los sintiera. Tendrá delante de su cara la presuntuosa y brillante presentación de la «comida» del sexo mucho antes de que le apetezca. Incluso con las mejores protecciones de los padres, habrá muchas cosas que encontrará que, en algún momento, necesitarán una explicación de tu parte. Cuenta con eso, y planea ponerle estas presentaciones de materiales sexuales en contexto. Ten el debate cuando empiece a sentir curiosidad y a hacer preguntas acerca del tema, o cuando el encuentro con estos asuntos se produzca de manera tan frontal que no puedan evitar decir algo sobre lo que acabaron de ver o escuchar. No me refiero a la temida «conversación sobre el sexo», con la que la mayoría de los padres no quiere lidiar (más sobre eso en un momento). Me refiero a la simple aclaración que pone la imagen o declaración de fuerte contenido sexual que llevó a enarcar la ceja de tu hijo en el contexto de la atracción masculina/femenina y el matrimonio. En esos momentos incómodos, mi práctica era declararles de forma sucinta a mis hijos preadolescentes que esas «cosas raras» las diseñó Dios para que los cristianos las disfrutaran cuando estuvieran casados. También era cuidadoso al decirles a mis hijos que lo triste era que demasiadas personas en este mundo piensan que este tipo de cosas pueden hacerse cuando quieran y con quien quieran. Y, por último, siempre dejaba claro que este enfoque de «cuando quieran/con quien quieran» enoja a Dios, frustra a las personas y siempre causa daño a las relaciones entre estas.

Un breve comentario de mamá y papá que afirma lo bueno de las relaciones sexuales en su contexto apropiado, junto con una advertencia acerca del daño que hace el sexo fuera de contexto, siempre es mejor que tratar de ignorar lo que no se puede ignorar. En una época temprana de su vida, puede que tu hijo lo pase por alto y, lo sorprendente, ni siquiera enarque la ceja por curiosidad, pero tienes que darte cuenta de que, en algún momento, hasta el niño pequeño sin apetito o experiencia de «comer», va a empezar a preguntarse sobre toda la aparatosa publicidad que hay en el «patio de comidas del centro comercial».

Tal vez esa sea una buena analogía a utilizar mientras avanzamos en el desarrollo de tu hijo, y lleguemos al lugar en el tiempo donde no solo Dios encendiera el interruptor de las hormonas para que tenga apetito, sino que comenzara a darse cuenta de que parece estar muerto de hambre. Quizá notaras que mira doble, triple y luego cuádruple a la adolescente en el estacionamiento. A lo mejor te percataras cómo los ojos se le salen de las órbitas cuando fija la mirada en la joven estrella, ligera de ropas, en la portada de una revistilla de chismes que está en el estand junto a la contadora del supermercado. Ese debería ser el momento que te des cuenta de que estás criando a tu muy "hambriento" hijo en el patio de comidas de la vida. Y no solo están las imágenes, los sonidos y los olores de toda clase de comidas deliciosas, ¡sino que también hay fotos brillantes y bien iluminadas de los platos más vendidos en todas partes!

Creo que los papás que leen este capítulo entienden todo eso. Mamás, a ustedes es a quienes les debo enfatizar la importante batalla que le sobreviene a tu hijo cuando llega a la pubertad. Es probable que tu esposo no fuera tan transparente acerca de la tortura mental que sufrió cuando estaba en la secundaria. Es posible que evitara con éxito cometer fornicación durante su adolescencia, pero puedes estar segura de que puede empatizar mejor con la dolorosa batalla interna que los muchachos de cualquier generación tienen que soportar. No debe sorprenderte la presencia de estas poderosas punzadas de interés que son aspectos importantes para los niños con hormonas en aumento, al igual que a tu esposo no le debe sorprender que no almorzaras y decidieras salir a caminar al patio de comidas de un centro comercial a las seis de la tarde para conseguir algo de comer.

La presencia del interés en las chicas y los incipientes deseos sexuales de tu hijo no son el problema, ni son anormales, pecaminosos o vergonzosos. El desafío para los padres es ayudar a nuestros niños varones a que aprendan a controlarse, y dicho autocontrol *es* alcanzable. No solo no vamos a comprar la mentira pesimista de la cultura que dice: «¡Vive la realidad, *todos* van a hacerlo!», sino que tampoco podemos seguir la insistencia irrealista de nuestra generación de que el matrimonio (que es el contexto aprobado y piadoso para la gratificación sexual) necesita posponerse hasta que tu hijo alcance todas las metas mundanas y materialistas de la adultez. Si seguimos las indicaciones del mundo exigiéndoles a nuestros hijos los prerrequisitos que establece la cultura para el matrimonio (es decir, títulos, pagos iniciales, viajes internacionales, etc.), corremos el riesgo de desmoralizarlos y exasperarlos. Sin proponérnoslo, ¡haremos que la obediencia a los mandamientos de Dios sea difícil de manera extrema y profunda! ¿Estás de veras dispuesto a correr el riesgo de que tu hijo desobedezca el mandamiento de Dios de mantener la actividad sexual dentro del matrimonio por el bien de satisfacer las expectativas convencionales de tus vecinos no cristianos y parientes mundanos? Espero que no.

Ten compasión de tu hijo al reconocer de forma positiva el contexto respaldado y bendecido por Dios para el amor conyugal y la satisfacción sexual. Sé amable al reconocer que apoyas su deseo de identificar y pactar con «la mujer de [su] juventud» que alaba la Biblia (Proverbios 5:18, y otros), en lugar de acatar las normas de nuestra cultura con las expectativas de que sea un exitoso ejecutivo que va camino al altar con la «novia de los cuarenta». Por supuesto, este enfoque requerirá más de tus oraciones, consejos, planificaciones, discipulado y participación práctica como padre. También requerirá un cambio de idea con respecto a lo que puede ser una imagen positiva de una pareja joven que batalla, durante los primeros años, con un presupuesto muy ajustado. Al mismo tiempo, puedes estar seguro de que estás proveyéndole una perspectiva mucho más esperanzadora, optimista y alcanzable sobre este aspecto tan importante de la vida de tu hijo.

LA CONVERSACIÓN SOBRE EL SEXO

Después de una serie de comentarios sinceros de tu parte en respuesta a los materiales de fuerte contenido sexual que encuentra tu hijo, todavía hay necesidad de ese debate tan temido acerca de las cosas tal y como son. No esperes demasiado tiempo. Recuerda que a pesar de lo bien que crees que lo preparaste durante la niñez, ha visto y escuchado referencias a temas sexuales durante años. Y antes de que digas de forma despectiva: «¡Mi hijo no sabe nada de eso!», comprende que es probable que se esté haciendo el tonto contigo y finja estar informado con sus amigos. Para cuando tu hijo se sienta incómodo por estar desnudo en presencia de otros en su casa, puedes estar seguro de que el sentido intuitivo y universalmente humano de la singularidad de sus «partes privadas» ha despertado en él hasta cierto punto. Tendrás que dar respuestas claras, razonadas, basadas en la Biblia y apropiadas para su edad acerca de esas «partes privadas», y la manera en que se relacionan con la forma en que Dios lo diseñó como ser sexual.

Si tenemos en cuenta que el inicio de la pubertad puede ser tan temprano como a los nueve o diez años, y que la exposición a las referencias sexuales es tan común en nuestra sociedad, debes hacerte el propósito de tener «la conversación» lo antes posible. Si lo pospones, le cederás por omisión la educación sexual de tu hijo a un grupo de compañeros mal informados y no aptos. De modo que empieza temprano. No será una conversación de una sola ocasión. Es probable que tengas que retomar «la conversación» varias veces mientras esté en la escuela primaria. Aun así, planea tener esa conversación inicial durante sus primeros años de escuela. Puede parecer incómodo, pero será en cierto modo una aclaración muy bien recibida de la fuente de información más confiable de tu hijo.

A propósito de una «fuente confiable», aunque la mamá puede ganar esa designación durante los primeros años de tu hijo, esta «conversación» es mejor con el papá, si es posible. Si tu hogar está intacto y papá es parte de la vida cotidiana de tu hijo, es mejor que los padres saquen a relucir este tema de conversación con sus hijos. Papás, les puedo asegurar que si tienen «la conversación» temprano y dejan una sabia puerta abierta para retomar el tema de vez en cuando durante los años previos a la pubertad, tu hijo adolescente volverá a ti durante sus años de lucha en la adolescencia en busca de tu ayuda, apoyo y aliento para esta parte catalítica de su vida. Padres, sé que esta puede ser una tarea intimidante, pero los exhorto a que se preparen, lidien con sus temores y tengan la conversación.

Aunque muchos libros cristianos y organizaciones cristianas recomiendan diversos detalles con respecto a los tipos de cosas que debemos tratar en estas «conversaciones» tempranas[1], permíteme señalar algunos aspectos esenciales. Además de una explicación acorde a la edad sobre las «tuberías» reproductivas humanas, asegúrate de enfatizar lo siguiente:

1. *El valor especial que Dios concede a la sexualidad.* Infórmale a tu hijo que el sexo es un aspecto muy poderoso e importante

de nuestra humanidad, al que Dios le concede un valor muy especial. Dios tiene mucho que decir en la Biblia con respecto al sexo y su deseo es que lo disfrutemos de acuerdo a sus instrucciones. Como sucede con todas las cosas poderosas, tiene sentido que el sexo se le diera a la humanidad junto con una serie de advertencias que están presentes en la Palabra de Dios. Estas son reglas importantes, y como familia cristiana, estás comprometido a ser cuidadoso a la hora de seguir las instrucciones del Creador sobre todo lo relacionado con el sexo.

2. *El contexto apropiado de Dios para la sexualidad.* Dile a tu hijo que la actividad sexual es un regalo que Dios diseñó para que se disfrutara entre el hombre y la mujer en el contexto del matrimonio. Es una actividad amorosa que une de manera emocional a un esposo y una esposa y, además (como ya le explicaste), crea una nueva vida en algunos casos. Dios fue muy sabio al concederle esta poderosa expresión de amor y relación a esposos y esposas, de modo que debes decirle algo así a tu hijo: «Por extraño que pueda parecer, cuando te cases, estarás agradecido por este regalo de Dios».

3. *La importancia del pudor.* Permite que tu hijo sepa que, debido al valor especial que Dios concede a la sexualidad humana, nos llama a otorgarle un valor especial al pudor con respecto a nuestros órganos sexuales. Por eso es que los cubrimos y consideramos privados. Se deben compartir solo en la relación sagrada del matrimonio. De ahí que en una familia cristiana no se hagan bromas acerca de ellos, ni se permita que otras personas los vean ni se intente ver los de otras personas.

4. *El problema con nuestro mundo.* Adviértele a tu hijo que la mayor parte del mundo es muy rebelde en lo que se refiere a cuestiones sexuales. Demasiadas personas en nuestro mundo pasan por alto las advertencias de Dios y deciden experimentar las actividades sexuales fuera de la relación del matrimonio. Esto

siempre daña sus relaciones con las personas y en especial con Dios. Es lamentable que muchos muestran sus partes privadas entre sí en fotos o incluso en persona, y desagradan a Dios al tratar de mirar las partes sexuales el uno del otro sin estar casados.

5. *La disposición a responder preguntas.* Durante sus «conversaciones», invita a tu hijo a hacerte cualquier pregunta que pueda tener sobre su cuerpo, el tema del sexo, el matrimonio o cualquier cosa que escuchara sobre los niños y las niñas que lo confundiera. Si se sincera, es probable que sus preguntas te recuerden tus curiosidades y confusiones de la infancia. Responde sus preguntas con total naturalidad y adviértele que es posible que quizá tengan que hablar otra vez sobre este tema en el futuro. Dile que te das cuenta de que este tema puede ser embarazoso, pero asegúrale que quieres ser su fuente de información confiable y piadosa sobre esta parte de la vida.

LA CABALLEROSIDAD NO ESTÁ MUERTA

Es obvio que el sexo y la reproducción terminarán siendo solo un pequeño porcentaje de la interacción de tu hijo con el sexo opuesto. Vivir en un mundo cuya mitad son mujeres requerirá una serie de destrezas que debes enseñarle a tu hijo con sinceridad y oración, como parte de tu discipulado para asegurar su satisfacción sexual en el contexto adecuado y evitarle el daño del pecado sexual. Tienes que trabajar para instruirlo temprano y de manera regular con respecto al privilegio y al reto especial que implica interactuar con las niñas, con las jovencitas y con las mujeres. Esto no solo creará el fundamento apropiado para un matrimonio armonioso, sino que también lo capacitará para agradar a Dios viviendo según la excelente y sabia teología de género de Dios.

Es esencial que recordemos que el Creador diseñó a la humanidad a su imagen. Esa imagen, por supuesto, no tiene nada que ver con las características físicas de nuestros cuerpos, ¡porque Dios es Espíritu y no tiene cuerpo! Más bien, es evidente que se refiere al reflejo divino de la personalidad en nuestro espíritu humano. Génesis 1:27 nos informa que este reflejo divino no está ligado de forma exclusiva a las características personales de la masculinidad, sino que también se ve en las características personales de la feminidad: «Dios creó al ser humano a su imagen; lo creó a imagen de Dios. Hombre y mujer los creó» (Génesis 1:27, NVI®).

Esta sencilla, pero profunda declaración de las Escrituras es la proposición inicial relacionada con la doctrina bíblica que se conoce como *complementariedad*. Esa es una forma elegante de expresar la apreciación y el respeto que cada género debe tener y expresar hacia la distinción del otro. Los hombres y las mujeres tienen perspectivas diferentes y en el matrimonio se complementan y completan entre sí. Como dice el Nuevo Testamento: «En el Señor, ni la mujer es independiente del hombre, ni el hombre independiente de la mujer. Porque así como la mujer procede del hombre, también el hombre nace de la mujer; y todas las cosas proceden de Dios» (1 Corintios 11:11-12).

Desde el principio, necesitamos inculcar en nuestros hijos la práctica del honor, la cortesía y el respeto por el sexo opuesto. El diseño creativo de Dios es de mucho valor, y el mismo Dios se glorifica cuando nuestros niños pueden afirmar con sinceridad que las niñas no son «asquerosas y desagradables», que no tienen piojos y que los niños no tienen que competir con ellas. Las mujeres son una creación especial de Dios, y la humanidad no estaría completa en su reflejo de la creación de Dios sin ellas.

Como te diste cuenta por el subtítulo de esta sección, resucité una palabra que hace mucho no se usa para comunicar algo de la virtud que va en contra de la cultura y a la que debemos aspirar mientras pastoreamos a nuestros hijos. Está bien, puede que esta palabra medieval no sea la más apropiada, pero nos conduce por el buen camino. La gallardía, la valentía y la gracia del caballero de la antigüedad, al menos en las representaciones, al bajarse del caballo para ayudar a una mujer a cruzar el río, nos da una idea del esfuerzo y el sacrificio que los hombres deben hacer para honrar a las mujeres.

Sé que en medio de la ola de feminismo imperante hay sectores de la sociedad que ven esta cortesía y esta gracia extrema hacia las mujeres como ofensiva. Ah, bueno. Debido a que escribo desde la «costa izquierda», me encuentro con esta forma de pensar de vez en cuando. No obstante, incluso en la muy liberal California, me puedo dar cuenta de que la mayoría de mis acciones para mostrar consideración especial por «las damas primero», abriéndole la puerta a una mujer u ofreciendo ayuda a una señora con un artículo pesado en el supermercado, se reciben con sincera apreciación. De cualquier manera, el cuidado especial, la gracia y la delicadeza que los hombres deben mostrar hacia las mujeres en general y hacia sus esposas en particular, necesita modelarse y enseñarse a nuestros hijos. Esto honra a Dios, pero es solo el comienzo.

Una cosa es ser cortés; otra es enseñarles a nuestros hijos a esforzarse para tener una verdadera amabilidad y comprensión hacia el sexo opuesto. Así como enseñamos a un niño a repetir como papagayo la palabra «gracias», el objetivo es ver esas expresiones externas como una señal de la gratitud que se cultiva en sus corazones. Los hombres jóvenes necesitan aprender a apreciar el valor de la forma de pensar muy diferente de las mujeres jóvenes. Esto no significa enseñarles a nuestros niños que las niñas siempre tienen la razón, ni que las niñas siempre deben salirse con la suya. No obstante, sí significa que nuestros niños no deben apresurarse a descartar cada punto de vista diferente que sale de sus criaturas complementarias llamadas niñas. Si tu hijo tiene la bendición de tener una hermana, cuenta con un laboratorio para desarrollar esta destreza, y debes aprovechar las oportunidades para el aprendizaje que proporciona esta mezcla de perspectivas. Dicho esto, recuerda que nuestra cultura moderna caída no quiere que tu hijo honre y respete al sexo opuesto; esto haría que dejara de ser masculino de manera distintiva. Esa forma de pensar es pecaminosa e inaceptable por completo. Gran parte de la motivación para escribir un libro acerca de la crianza de los hombres es una reacción a una sociedad torcida que le encantaría castrar a nuestros hijos y devaluar la perspectiva masculina que los caracteriza. Eso no puede suceder.

ESCOGER ESPOSA

Hacer que la amabilidad y la cortesía hacia las mujeres sea una de las marcas distintivas de la infancia de tu hijo es el escenario perfecto para lo que debe convertirse en un tema de conversación frecuente con tu hijo: su papel como futuro esposo. Dada la alta probabilidad de que tu hijo se case, estas conversaciones frecuentes durante la niñez acerca de la mujer especial que honrará y respetará por encima de todas las demás no serán en vano. Qué tontos son los padres que proporcionan poca o ninguna orientación a sus hijos jóvenes con respecto a la

Entonces, ¿qué me dices de...?

MÁS ALLÁ DE LAS CONVERSACIONES

A veces, hablar con tu hijo sobre la sexualidad y su futura esposa puede ser un desafío. Esto puede parecer incómodo y falso. ¿Qué más puede hacer un padre? Papá, hazte el propósito de alabar con frecuencia a la mamá de tu hijo por las virtudes que deseas que posea tu futura nuera. Cuando tu hijo escucha que aprecias y valoras esos atributos de tu esposa, aprenderá de forma natural que dichos atributos son de suma importancia cuando es el momento de buscar esposa.

Mamás, ustedes pueden hacer lo mismo sin exaltarse a sí mismas. Ni siquiera tienen que asociar la cualidad a ustedes mismas. Por ejemplo, cuando sabes que haces algo que agrada a tu esposo, que es necesario para el bien de tu hogar o solo algo que reconoces que es una ventaja para el bienestar de tu familia, dile a tu hijo que estás orando para que su futura esposa posea esa cualidad en particular.

Habla a menudo de su futura esposa mientras tu hijo es joven. Puede que al principio enarque la ceja cuando te escuche hablar así, pero esta práctica muy pronto se convertirá en algo usual para él. Estas referencias positivas a las cosas buenas y a los atributos de una persona piadosa llenarán cada vez más su corazón con una provisión de sabiduría que conformará su idea de la atracción y elevará sus estándares por encima del aspecto físico agradable de la primera chica que le sacuda el cabello o le bata las pestañas.

importancia de escoger una esposa con sabiduría, pues «después de todo, son demasiado jóvenes para salir con alguien». Entonces, cuando estén listos para salir con alguien, esos padres les habrán hecho un gran daño a sus hijos adolescentes que se sentirán presionados en gran medida para mostrar prudencia acerca de la mejor clase de mujer con quien compartir la vida. Solo tendrán sus hormonas y tal vez un par de reglas de padres, en vez de una rica reserva de sabiduría sobre el tipo de mujer que se convertirá en una excelente esposa.

Esas conversaciones pueden parecer formales y no tienen que realizarse todos los meses, pero de forma indirecta un padre puede mostrar por sus comentarios las características que son dignas de admiración en una mujer. Asimismo, una madre puede mostrarles a sus hijos las características que admira en un hombre y que ve en su esposo. Para sugerencias de cómo hacer esto, lee el recuadro «Más allá de las conversaciones».

LAS CITAS AMOROSAS

Los padres tienen que planificar en oración una serie de reglas y regulaciones con respecto a esta parte de la vida de su hijo que llegará muy pronto. Como ya he tratado de aclarar, demasiados padres cristianos creen tontamente que hay alguna protección en pretender que sus inocentes e ingenuos niñitos nunca sentirán interés por las chicas, al menos hasta que tengan unos veinticinco años. ¡Error! Lo sentirán. Y en algún momento, en dependencia de la resistencia de tu subcultura cristiana, puede que hasta necesites animarlos para hacer compromisos sociales con el sexo opuesto. La meta aquí es para no perder la oportunidad mientras tu hijo viva bajo tu techo de proveer una supervisión paternal sabia y una cuidadosa dirección a medida que comienzan a experimentar las emociones y las tentaciones que implica relacionarse con alguien en quien están interesados de manera romántica.

Por supuesto que la Biblia es clara con respecto a la importancia de la pureza sexual. Las conversaciones honestas y las reglas prácticas acerca de cómo evitar la tentación son esenciales. La madurez y el autocontrol que tu hijo demuestre en otros aspectos pueden ayudarte a decidir la edad en la que permitirás que tenga un compromiso social con una chica que le gusta, así como el lugar y los contextos en que esto se llevará a cabo. Sin importar cuán maduro parezca ser tu hijo, los parámetros del sentido común con respecto a las citas amorosas tienen que quedar claros para ayudarlo a tener éxito en cuanto a sus pasiones juveniles. Las citas en lugares públicos, las horas obligatorias de volver a casa y la rendición de cuentas frecuente son esenciales. Te darás cuenta de la sabiduría que yace en algunas de las prácticas de una era pasada, como hacer que tu hijo tenga una conversación con el padre de la chica con la que desea salir. Dando por sentado que la chica es de una familia sólida, dirige a tu hijo a ser sincero ante las preocupaciones, los consejos y las orientaciones de sus padres con respecto a la salida con su hija.

Involucrarte con tus hijos en esos días de las primeras citas tendrá beneficios duraderos. Cierto, la mayoría de los hijos no suele franquearse con mamá y papá con relación a sus «intereses románticos», pero me he dado cuenta de que si tu conversación acerca de las chicas, las citas amorosas, el compromiso y el matrimonio comienza mucho antes de su primer flechazo, estarás en una posición mucho mejor para tener una influencia significativa a medida que continúas tu discipulado activo en esta importante etapa de la vida.

EL SENTIDO COMÚN SANTIFICADO

Aquí tienes tres pasos prácticos que puedes dar para guiar a tu hijo a convertirse en un hombre que honra a Dios con la forma en que interactúa con el sexo opuesto.

1. Modela un matrimonio saludable

Por supuesto, hacer de tu matrimonio un modelo saludable es más fácil decirlo que hacerlo. Aun así, esfuérzate en esto. Dale prioridad a una cita semanal con tu cónyuge. Puede ser algo sencillo, pero que sea una prioridad. Dedica tiempo para leer buenos libros sobre el matrimonio cristiano. Ora a diario para que tu matrimonio sea un ejemplo cada vez más eficaz del amor sacrificial de Cristo y de la respuesta amorosa de la iglesia. Aprovecha todos los retiros de matrimonios disponibles en tu iglesia. Busca consejería matrimonial bíblica cuando tu matrimonio pase por momentos difíciles. Por medio de tu vida puedes mostrarle a tu hijo que el matrimonio honra a Dios y puede hacernos mucho más eficientes para Cristo y mucho más felices de lo que seríamos si no estuviéramos casados.

2. Utiliza los medios electrónicos para la rendición de cuentas

La pornografía está al alcance de nuestros hijos con facilidad. Preocúpate por el daño que puede causar y utiliza los recursos electrónicos que ayudan a levantar barreras y poner límites para minimizar la facilidad de acceso. Instala el *software* que sea necesario para proveer rendición de cuentas. Limita de manera estratégica los lugares en que se pueden poner las computadoras y los televisores, y mantenlos en lugares públicos. Crea reglas con respecto a los equipos portátiles; déjalos fuera de los lugares con puertas cerradas. Promueve la rendición de cuentas. Hazle con frecuencia preguntas muy directas. Fomenta e incluso establece la práctica de rendirles cuentas a otros hombres cristianos fuera del círculo familiar. Durante los años de las citas amorosas, utiliza de manera abierta aplicaciones que muestren la ubicación real de tu hijo y la chica con la que sale.

Dicho esto, debes entender que ninguna protección ni cerca electrónica es a prueba de balas. Si el corazón de tu hijo no está en la batalla, fracasará cualquier ayuda para apoyarlo con su autocontrol. Reconoce que tu conocimiento de sus pecados siempre será secundario al conocimiento de Dios de sus transgresiones. Haz que sea consciente de lo más importante: las expectativas de Dios con respecto a él. Como le citaba a menudo a mis hijos: «Los ojos del Señor están en todas partes, y observan a los malos y a los buenos» (Proverbios 15:3, RVC).

3. Responde a su transgresión

A menos que estés criando al Mesías, tu hijo pecará, al igual que tú. Tal vez no sea de las mismas maneras, pero de seguro que tu hijo fallará en guardar todos los mandamientos de Dios. Nuestro deseo y oración es que pequen menos, pero puedes contar con el hecho de que su infancia no será sin pecado. Debes responder a los pecados de los que te das cuenta, en especial los pecados relacionados con las tentaciones hormonales, con seriedad, pero sin conmoción. Como padre, debes imponer consecuencias; pero asegúrate de aprovechar sus transgresiones en oportunidades de aprendizaje, y ayudarlos a ver la pecaminosidad de su pecado.

Lo que sea que hagas como respuesta, ten cuidado de no desmoralizar ni exasperar a tu hijo. Con la potencial emotividad y vergüenza que acarrea este tipo de pecados, corres el riesgo de que tu hijo piense que toda su vida cristiana se acabó debido a un encuentro con la lujuria. Pídele a Dios en oración que te ayude a mantener estos fracasos en su contexto. Sí, el pecado es serio y necesita combatirse con celo, pero la gracia de Dios es más grande que el pecado, y la confesión sincera y el verdadero arrepentimiento pueden levantar y restaurar a quienes tropiezan. ¡Vuelve a leer los Salmos 32 y 51 para que tengas la perspectiva adecuada!

LGBTQ, ETC.

Estás criando a tu hijo en el despertar de una nueva revolución sexual. La campaña de nuestra cultura por los llamados derechos de género y por la «elección» de la identidad de género está presente en los titulares todos los días. La mayoría de los jóvenes, al entrar en la adolescencia, se enfrentan con el término LGBTQ. (Se trata de lesbiana, gay, bisexual, trans, *queer*). Tan malo, triste y absurdo como todo esto pueda parecernos como cristianos, tenemos que enseñarles a nuestros hijos que Dios todavía está en el trono del cielo y que no debemos temer ni sentirnos como gente extraña. Recuérdales a tus hijos (y a tus hijas) los estándares santos y sabios de Dios. Honrar sus estándares para la sexualidad siempre ha sido y será costoso, tanto de manera personal como social. Sin embargo, Dios lo sabe bien. Como padres, no debe perturbarnos ir en contra de esta libertad sexual ni de la próxima que promueva la vanguardia cultural.

Que nos llamen anticuados, chapados a la antigua, puritanos o reprimidos. No hay problema. ¡No estamos en el lado indebido de la historia! Es más, como cristianos seremos los únicos en el lado adecuado de la historia. La historia llegará a su punto culminante cuando las costumbres, la ética, la moral y todos los reinos de este mundo se sustituyan por el reinado de nuestro Señor y de su Cristo; Él reinará por los siglos de los siglos (Apocalipsis 11:15). Los hijos de Dios que pelearon la buena batalla para mantener sus estándares personales, tanto en el aspecto sexual como en todos los demás, serán vindicados y exaltados en gran medida.

PREPÁRALO PARA HACERLE FRENTE AL MUNDO

La Biblia apenas habla sobre la infancia de Jesús. Excepto por la única escena que nos presenta Lucas, que describe su tenaz prioridad de agradar a Dios el Padre a los doce años (2:41-51), solo nos queda un resumen de la manera en que el Padre preparaba al Hijo para su ministerio terrenal.

Aunque nuestra curiosidad natural anhela más detalles sobre sus etapas de desarrollo, el resumen demuestra ser muy útil para nosotros como padres. Y debido a que la Escritura nos dice que la manera de vivir de Jesús debe ser el patrón de sus hijos (1 Juan 2:6), es natural que acudamos a este corto resumen para estar seguros de que tenemos los mismos objetivos con nuestros hijos.

He aquí cómo el Evangelio de Lucas (por medio del Espíritu Santo) describe el desarrollo de Jesús a lo largo de su infancia: «Y Jesús crecía en sabiduría, en estatura y en gracia para con Dios y los hombres» (2:52).

Cuando se trata de sabiduría y gracia para con Dios, la mayoría de los padres cristianos serios dedican su energía para desarrollar esto en sus hijos. Cuando se trata de la estatura física, su mayor parte está en piloto automático: algunos planes prudentes con respecto a una dieta saludable y hacer suficiente ejercicio son todas las indicaciones que necesita el padre promedio. El enfoque de preocupación que falta en este resumen inspirado de la infancia del Mesías es el plan de acción para guiar a nuestros hijos a crecer en gracia para con los hombres. Sin duda, esto es de menor importancia que crecer en gracia para con Dios, pero una consideración bíblica y en oración de cómo ayudar a nuestros hijos a desarrollarse socialmente es esencial a medida que los preparamos para hacerle frente a su mundo y marcar una diferencia en el mismo para la gloria de Dios

LA POPULARIDAD NO ES LA META

Es importante recordar que aquel que de niño crecía en gracia para con los hombres, también fue el que terminó escuchando la cantinela de una multitud para que lo crucificaran como adulto (Lucas 23:21). Incluso, en la expectación de la venida de Cristo en el Antiguo Testamento, se le describe como «uno de quien los hombres esconden el rostro», «despreciado», «desechado» y que «no lo estimamos» (Isaías 53:3). De seguro que no deberíamos suponer que las habilidades sociales que Jesús cultivó en la niñez se olvidaran de adulto. No, más bien llegamos a la conclusión de que sea lo que sea que quiera decir «crecer en gracia para con los hombres» no puede significar que Jesús les cayera bien a todos, ni que lo eligieran como el más popular en su clase, ni que le conocieran como que «agradaba a la gente». Si caerle bien al mundo entero no fue la realidad de Cristo, es evidente que esta no debe ser la meta para nuestros hijos.

Pocas cosas pueden ser tan esclavizantes y exasperantes para nuestros hijos como los padres que, de manera consciente o sin darse cuenta, los preparan para ser populares. Este error pecaminoso y estrecho de miras casi siempre degenerará en un «miedo a los hombres», que la Biblia llama «una trampa» (Proverbios 29:25, DHH). No queremos que nuestros hijos se vean atrapados en una búsqueda nerviosa de agradar a todo el mundo, ¡ni tampoco a la mayoría de la gente! Es más, a medida que Dios se hace presente en sus vidas, que se desarrolla su carácter y que aumenta su celo por la verdad de Dios, necesitan estar listos para decepcionar a sus compañeros, maestros y, sí, incluso a sus padres. Es interesante notar que la única historia de la infancia de Jesús, que se nos preservó de manera soberana en la Palabra de Dios, nos muestra que Jesús no solo sintió celo por la casa de Dios en su preadolescencia, sino que también frustró a sus padres en el proceso (Lucas 2:48).

LA META: LA GRACIA LIMITADA

Queremos que nuestros hijos aprendan a desarrollar las habilidades sociales que les conducirán a tener una gracia creciente para con la gente de este mundo, pero con una advertencia muy importante. Debe quedarles muy claro a nuestros hijos que, en primer lugar, tendrán que rendir cuentas de sus palabras y acciones a Dios su Creador. Esta es la meta más obvia y razonable para las criaturas de Dios (2 Corintios 5:9). Queremos agradarlo, y mucho más en el caso de los que confiamos en Cristo como nuestro Salvador y Redentor (1 Tesalonicenses 4:1). Le debemos todo. Él nos amó primero, y nuestro propósito primordial debe ser agradarlo a Él (Colosenses 1:10). Al igual que con Jesús, tal gracia solo puede ser entre una minoría o solo en ciertos momentos. Esta es «gracia limitada»: buscamos agradar a Dios y, mientras lo hacemos, es posible que a veces tengamos la gracia para con los que respetan nuestros valores y acciones. Debemos procurar seguir el ejemplo de Jesús al crecer en gracia para con los hombres, siempre y cuando no desagrademos a Dios. Como se les expresó de manera tan sucinta a los cristianos romanos: «Si es posible, y en cuanto dependa de ustedes, vivan en paz con todos» (Romanos 12:18, NVI®).

Es obvio que eso no fue posible para tres inquebrantables jóvenes israelitas en Daniel 3. Ananías, Misael y Azarías (también conocidos como Sadrac, Mesac y Abed-nego) no podían agradar a su Dios y a su nuevo rey, Nabucodonosor, al mismo tiempo. Los consideraron criminales y los sentenciaron a muerte. Allá en Génesis 39, otro joven descubrió que no podía agradar a Dios y a la esposa de su empleador a la misma vez, ya que procuraba que comprometiera siempre su pureza sexual. En esa situación, a José también lo declararon culpable de manera injusta, pero no comprometió su integridad, y su determinación fue del agrado de Dios. En Hechos 4, Pedro y Juan, jóvenes aún, se dieron cuenta de que no podían agradar a Jesucristo y al concilio judío al mismo tiempo. Su compromiso de agradar al Señor los convirtió en criminales y, en varias ocasiones, los detuvieron, amenazaron y calumniaron.

Nuestra oración y esperanza debe ser que nuestros hijos, así como Cristo, crezcan en gracia para con los hombres. Sin embargo, es una gracia limitada. Esta viene con límites y condiciones. Habrá días en los que tengas que decirle a tu hijo que puede limar esas asperezas, obtener ese crédito, ganar ese premio o recibir ese aplauso, pero que tendrá un precio demasiado alto. Nuestro deseo debe ser que nuestros hijos solo busquen agradar a nuestro Señor y Salvador. Padres, desde el principio, debemos tomar la decisión de Josué: «Por mi parte, mi casa y yo serviremos al Señor» (Josué 24:15, RVC).

LA IMPORTANCIA DE LAS PERSONAS

La decisión de servir y agradar al Señor traerá como resultado que, en un día normal, tu hijo agradará a otros con más frecuencia de la que lo haría un chico al que no le interesa lo que Dios piensa. Dios ama, cuida y provee para los hombres, tanto «buenos» como «malos» (Mateo 5:45). Está claro que Dios se interesa con amor en las personas que creó. Las valora por encima de cualquier otra cosa en la creación. Mientras que el niño egoísta siempre terminará amando las cosas y usando a las personas, el hijo que crece con un conocimiento sólido de Dios y de lo que Él valora aprenderá a amar con sinceridad a las personas y a solo usar las cosas.

Ama las cosas, usa a las personas; ama a las personas, usa las cosas. Esas son las opciones. Con la ayuda de Dios, tu hijo puede agradar al Señor poniendo a las personas y sus necesidades por encima de sus propios intereses y deseos personales. Con la fortaleza condicionada por una gracia creciente para con Dios, un joven encontrará cada vez más oportunidades para agradar a las personas con quienes interactúa. Como escribió el apóstol Pablo: «Así que, nosotros los que somos fuertes, debemos sobrellevar las flaquezas de los débiles y no agradarnos a nosotros mismos. Cada uno de nosotros agrade a su prójimo en lo que es bueno para su edificación. Pues ni aun Cristo se agradó a sí mismo» (Romanos 15:1-3).

Esta no es una tarea fácil. A todos se nos ha confiado el mismo tipo de niño, tan impactado por la caída de Adán que, por naturaleza, está obsesionado con ponerse primero a sí mismo. No obstante, Dios es un Dios lleno de gracia. Incluso antes de experimentar la obra transformadora del Espíritu Santo, nuestros hijos pequeños pueden aprender a priorizar a las personas sobre las cosas, y la buena y piadosa importancia de anteponer los intereses de los demás a los propios. Del mismo modo que todos les enseñamos a nuestros hijos antes de convertirse a refrenar su inclinación de golpear a otro niño en el rostro cuando lo desean, también podemos instruir a nuestros hijos antes de que se conviertan para que les hagan el bien a los demás, incluso antes de que tengan la motivación interna que es fruto de la obra del Espíritu.

Piensa por un momento en el encuentro común con el niño pequeño típico cuando está con sus padres y estos le piden que diga «hola» a un adulto que se acerca a su mamá o papá. Muy a menudo ese niño tan hablador, que suele entrar corriendo y gritando a la tienda de juguetes con sus amigos, se convierte de repente en un niño tímido que se esconde detrás de la pierna del pantalón de su papá o de la falda de su mamá. En parte, esto quizá se deba a que tu hijo sea introvertido por naturaleza. También puede que sea el temor natural a los extraños. Aun así, sigue guiándolo y animándolo en esas situaciones, y verás que se sentirá cada vez más cómodo saludando y conversando con los adultos que le presentas.

Anticipa estas situaciones e instruye de forma deliberada a tus hijos pequeños que las personas son muy importantes para Dios, y que deben luchar contra su incomodidad personal para mirarles a los ojos al adulto, y decirle «hola» con amabilidad y respeto. Esto podría parecer algo tan pequeño que no se considere que vale la pena empeñarse en esto, pero cuando vinculamos una simple disciplina como esta a las instrucciones sobre el alto valor que Dios les concede a las personas, junto con la forma en que los esfuerzos de tu hijo para saludar de forma respetuosa y amable se reciben como una bendición, ayudarás a tu hijo a adquirir algo que poseía el joven Jesús, a saber, la creciente gracia para con los hombres.

Busca esos momentos de enseñanza en la vida diaria para atribuirles un valor bíblico a las personas. En el capítulo 2, al hablar sobre formas creativas de desarrollar una cultura de oración en tu familia, sugerí que oraras con tus hijos cuando escuchen las sirenas de los vehículos de emergencia. Cuando les agregas pequeñas prácticas cotidianas como esa una breve declaración sobre el valor de las personas y la razón por la que debemos preocuparnos cuando sufren, sientas las bases que ayudan a tu hijo a amar a su prójimo como a sí mismo. Cuando ves a alguien siendo grosero con otra persona y le preguntas a tu hijo: «¿Cómo crees que esa actitud hizo sentir a esa persona?», te ocupas de cultivar una preocupación por las cargas de los demás. Por supuesto, al igual que con casi todo lo que tratamos en este libro, a menos que tú seas fiel para cultivar esta valoración de otros en tu propio corazón, te costará mucho ver que se lo transmites a tus hijos. Todos debemos detenernos a considerar el tremendo valor intrínseco que existe en *cada* vida humana, porque todas se crearon a imagen de Dios.

LA BATALLA CONSTANTE
CONTRA EL EGOÍSMO

Sabiendo que tus hijos nacieron con una inclinación para exaltarse a sí mismos y poner sus intereses en primer lugar, asegúrate de tener una conversación relevante cuando actúen o hablen con orgullo. Dedica el tiempo para analizar lo que Dios piensa sobre el orgullo y la exaltación propia. Dios no podría haber sido más claro sobre el problema del egoísmo, la jactancia y la arrogancia:

El Señor aborrece a los arrogantes. Una cosa es segura: no quedarán impunes. (Proverbios 16:5, NVI®)

Porque todo el que se ensalce, será humillado; y el que se humille será ensalzado. (Lucas 14:11)

Dios se opone a los orgullosos, pero da gracia a los humildes. (Santiago 4:6, NVI®)

Si no inculcas en tu hijo una vigilancia sobre el orgullo que puede impregnar con mucha facilidad toda su visión de la vida, no habrá esperanza de que crezca en gracia para con los hombres. Si no se le advierte que debe identificar y luchar contra esta perenne tentación, no solo se convertirá en un malcriado egocéntrico, sino que se pondrá a sí mismo en oposición a Dios

Dios conoce de primera mano el horrible impacto de un corazón que se llena de orgullo. Ese fue el primer pecado en el universo. Fue la brecha en el corazón de un ser angelical lo que condujo a una serie de transgresiones que echaron a perder la creación. Cuando Dios nos advierte a ti, a mí y a tu hijo acerca del peligro de la arrogancia, el orgullo y la autoexaltación, dicha advertencia viene acompañada del dolor por ese primer acto de iniquidad.

Dios nos ama y responde al orgullo con desagrado. De esa misma forma debemos responder nosotros. Como padres, no podemos darnos el lujo de mirar para otro lado cuando nuestros hijos dan señales de orgullo. Las palabras de engrandecimiento propio, los comentarios jactanciosos y las declaraciones de superioridad tienen que cortarse en cuanto aparecen. Un texto de la Escritura que resonaba en los pasillos de nuestra casa cuando escuchábamos esa clase de palabras es el de Proverbios 27:2: «Que te alabe el extraño, y no tu boca; el forastero, y no tus labios». Estamos a favor por completo de hacer comentarios sinceros de afirmación los unos a los otros, pero siempre hemos tenido un bien conocido método de cero tolerancia con respecto a esos comentarios y congratulaciones de estilo bumerán. Así como lo hizo la madre del gran profeta Samuel, tenemos que advertirles a menudo a nuestros hijos: «No os jactéis más con tanto orgullo, no salga la arrogancia de vuestra boca» (1 Samuel 2:3).

Con demasiada frecuencia los padres consideran las infracciones públicas de las reglas del hogar como acciones merecedoras de una disciplina. Sin embargo, qué lección tan importante pasamos por alto cuando no tomamos en serio los sutiles e insidiosos reflejos del pecado que arruinó el universo. No me refiero a un comentario que podría proceder o no de un punto de vista demasiado elevado de sí mismo. Me refiero a esas acciones o palabras que obviamente tienen su origen en una actitud pretenciosa o arrogante. Dios toma muy en serio esta clase de actitudes, de modo que nosotros también debemos hacerlo.

EL INESTIMABLE VALOR DE LA HUMILDAD

Cuando la Biblia dice que Dios «da gracia a los humildes» (1 Pedro 5:5; Santiago 4:6), debemos hacer una pausa para considerar la gran importancia de esa declaración. No solo nos referimos a la gracia general de Dios que marca una gran diferencia de diversas maneras, sino al tipo de gracia que está en el corazón del evangelio.

Nada es más importante que el hecho de que tu hijo se convierta en un hijo de Dios perdonado. La experiencia humana del verdadero arrepentimiento del pecado y de la fe genuina en Cristo son hechos que Dios hace posible en la tierra fértil de un corazón humilde. Las personas humildes son capaces de ver su necesidad y, por gracia, reciben la capacidad de clamar a Dios pidiendo su perdón.

Entonces, ¿qué me dices de...?

EL PODER DE LA HUMILDAD

Un padre quizá pregunte: «¿Por qué debería pedirle a mi hijo, quien carece de confianza en sí mismo, que se sienta humilde?». La verdad es que cuando los padres y sus hijos se humillan ante Dios, pueden tener la seguridad de que Jesús los usará y ensalzará.

En la parábola del fariseo y el recaudador de impuestos que oraban en el templo, el recaudador conocía sus faltas y oró por misericordia, lo que provocó que Jesús dijera: «Este descendió a su casa justificado [...] porque todo el que se ensalza será humillado, pero el que se humilla será ensalzado» (Lucas 18:14).

Al joven que es humilde delante de Dios y de otros, Dios le otorgará su gracia y favor ante los hombres (Isaías 66:2).

Jesús lo dijo de esta manera: «Todo el que se ensalza será humillado, pero el que se humilla será ensalzado» (Lucas 18:14).

En la parábola del fariseo y el recaudador de impuestos, el recaudador bajó la cabeza ante Dios, se golpeó el pecho y declaró: «Dios mío, ten misericordia de mí, porque soy un pecador» (v. 13, RVC).

Esa es la clase de humildad que tiene que empezar durante la infancia de tu hijo. Tener en cuenta lo que está en juego cuando consideras responder cuando te pone los ojos en blanco, la actitud de desprecio o la expresión de admiración propia, puede proporcionarte la motivación apropiada que necesitas para hablar acerca del costo del orgullo y del valor de la humildad.

La humildad no solo es un componente esencial de la conversión a Cristo; es también el ingrediente constante que encontramos en las personas que Dios usa con poder. En la Biblia, este grupo minoritario es tan diverso como podamos imaginar, desde brillantes eruditos hasta simples pescadores, desde el elogiado profesional hasta el pastor adolescente. Sin embargo, los une una característica común. En lo que tiene que ver con su autopercepción, todos son hombres y mujeres humildes de verdad.

Considera a María, la madre de Jesús, que en su exclamación de alabanza en respuesta al anuncio de que tendría y amamantaría al Mesías, se apresuró a alabar al Señor de esta manera:

[Dios] ha mirado la humilde condición de esta su sierva; pues he aquí, desde ahora en adelante todas las generaciones me tendrán por bienaventurada. Porque grandes cosas me ha hecho el Poderoso; y santo es su nombre. Y de generación en generación es su misericordia para los que le temen. Ha hecho proezas con su brazo; ha esparcido a los soberbios en el pensamiento de sus corazones. Ha quitado a los poderosos de sus tronos; y ha exaltado a los humildes. (Lucas 1:48-52)

Reflexionando en el humilde salmo de Ana (en 1 Samuel 2), María sabía que Dios da gracia a los humildes otorgándoles importantes papeles en su obra. Estoy seguro de que hubiera adivinado que no era «el joven rico» de Mateo 19 quien encontraría un lugar prominente en el círculo íntimo del ministerio de Cristo, sino que serían los «últimos» como Pedro, Santiago, Mateo y Juan. Como dijo Jesús cuando el orgulloso joven rico dio media vuelta y se alejó, en la economía de Dios siempre es cierto que los «primeros» del mundo siempre terminan siendo los «últimos», y a los «últimos» del mundo se les promueven a «primeros» en la obra de Dios.

Todo esto no debe sorprender a quienes conocen bien la Biblia. Dios repite una y otra vez en la Biblia estas palabras: «Yo pongo la mirada en los pobres y humildes de espíritu, y en los que tiemblan al escuchar mi palabra» (Isaías 66:2, RVC). Si tienes la noble aspiración de que tu hijo sea un hombre que marque una diferencia para Dios en este mundo, tiene que continuar creciendo en gracia para con los hombres; no es posible que esto suceda sin la clase de gracia que Dios promete otorgar al joven que es humilde.

LA EXPRESIÓN DEL AMOR Y LA HUMILDAD: EL SERVICIO

El desarrollo social de nuestros hijos desde una perspectiva bíblica requiere el cultivo del amor por los demás y una perspectiva adecuada de sí mismos. La expresión de ese amor con humildad es el servicio. Cuando la Biblia resalta la virtud del amor y la humildad de Cristo en pasajes clave como Filipenses 2, siempre leemos sobre sus esfuerzos extremos y su costoso sacrificio por nosotros. Dios nos llama a reflejar ese paradigma. Define ese amor humilde por el alcance de su servicio. En pocas palabras: «En esto conocemos el amor: en que Él puso su vida por nosotros; también nosotros debemos poner nuestras vidas por los hermanos» (1 Juan 3:16).

Huelga decir que no tendría valor alguno para ninguno de nosotros «dar la vida por nuestros hermanos» de la misma manera que lo hizo Cristo, al ofrecerse para que lo clavaran en una cruz romana. El apóstol Juan tenía algo más en mente que debemos tener en cuenta para nuestros hijos; es decir, enseñarles a expresar su amor y humildad ofreciéndose a dejar su sábado por la tarde o su miércoles por la noche para beneficiar a otros. La forma de preparar o condicionar a un niño a dar de manera voluntaria su tiempo y esfuerzo por el bien de otros comienza con el requerimiento de los padres de que lo hagan. Un patrón de las expectativas de mamá y papá durante la niñez crea un hábito que Dios usa para cultivar el amor y la humildad dentro de él.

«¡No quiero convertir a mi hijo en un hipócrita!»

Muchos tienen objeciones en cuanto a este punto también. «¡No quiero convertir a mi hijo en un hipócrita!», escucho a menudo. «Voy a esperar hasta que su corazón lo conmueva, ¡a fin de que cuando sirva a otros lo haga de corazón!». Es interesante que nunca parezcamos emplear esta lógica cuando se trata de la higiene personal ni de visitar la casa de la abuela. Por supuesto, nos gustaría que se preocupen (¡de corazón!) por tener cuerpos limpios y dientes saludables, amar a sus abuelos y respetar a las personas mayores. Aun así, ningún padre racional espera hasta que «tengan ganas» de lavarse los dientes o abrazar a su abuelo. Establecemos estas expectativas de comportamiento, y Dios utiliza de manera coherente estos hábitos para generar las motivaciones en nuestros hijos para que lo sigan haciendo. Esta es la esencia de la promesa tantas veces citada sobre la tarea de la crianza de los hijos: «Enseña al niño el camino en que debe andar, y aun cuando sea viejo no se apartará de él» (Proverbios 22:6).

¿Por qué pasa esto con tanta frecuencia? ¡De seguro que no es porque los hijos adultos teman el castigo de sus padres! Sucede con tanta frecuencia porque los patrones disciplinados de la vida a menudo preceden al interés interno en las acciones. Exígele a tu hijo que se cepille y use el hilo dental dos veces al día, y este patrón empezará en todos los niños, lo confieso, como una forma de «hipocresía», al menos mientras no tenga un interés sincero en su salud dental. Sin embargo, para cuando tenga treinta y cinco años, todavía seguirá esta rutina. Continuará cepillándose y usando el hilo dental sin que su mamá se lo exija porque aprendió a interesarse por las cosas que motivaron a sus padres a insistir en este patrón.

Insiste en el servicio

Entonces, padres y madres cristianos, insistan en el servicio: ante todo el servicio cristiano. Tu hijo necesita darles su tiempo y esfuerzo a los ministerios y actividades de la iglesia tan pronto como esas oportunidades se les presenten a los niños de su edad. Si el programa de AWANA de tu iglesia tiene una línea de «Líderes en capacitación», haz que tu hijo participe. Si el «sábado de limpieza» de tu iglesia tiene algo que un niño de escuela primaria puede realizar, inscríbelo para que asista. Si hay alguna forma constructiva en el programa de ministerios de tu iglesia para que un pequeño sirva en el ministerio de la hospitalidad, las visitas a jubilados en asilos, el tiempo de artesanía de la Escuela Bíblica de Vacaciones de los preescolares, o en lo que sea que encuentre útil su ayuda, haz que se inscriba y participe. Durante su infancia, el servicio a los demás no debería ser opcional.

La Biblia instruye: «Siempre que tengamos la oportunidad, hagamos bien a todos, y en especial a los de la familia de la fe» (Gálatas 6:10, NVI®). El pueblo de Dios debe estar primero, pero también debemos mantener los ojos abiertos para buscar formas de enrolar a nuestros hijos en el servicio a la comunidad. En algunas iglesias hay diversas oportunidades para el servicio comunitario que se insertan en la estructura de la programación de sus ministerios. No obstante, muchos de estos ministerios no proveen formas constructivas y razonables para un niño de seis años ni para un adolescente de doce. En tal caso, busca formas de hacer esto posible enterándote de las necesidades de su escuela o buscando oportunidades de servicio en tu comunidad.

Puede ser tan fácil como pedir una lista de los miembros de la iglesia que están en asilos locales o en residencia para ancianos. Recuerdo un día de Navidad cuando mi esposa y yo decidimos llevar a nuestros hijos con nosotros a visitar esos lugares, mientras la mayoría de sus amigos estaban ocupados abriendo sus juguetes recién comprados. Para ellos fue un gran impacto llevarles galletas y flores a los miembros de nuestra iglesia que estaban en esos lugares, y luego avanzar por el pasillo para saludar y visitar a personas desconocidas. Viajes de servicio como estos dejan una impresión duradera, y crean hábitos de servicio y sacrificio que ayudan a nuestros hijos a quitar los ojos de sí mismos y ponerlos en un mundo de personas que necesitan su amor y atención.

EL SENTIDO COMÚN SANTIFICADO

Una vez más, permíteme concluir con algunas formas prácticas en las que nuestros hijos pueden seguir el ejemplo de Cristo de crecer en gracia para con los que le rodean.

1. La higiene y el arreglo personal

El enfoque mundial sobre la higiene y el arreglo personal casi siempre se prioriza debido a un interés en nosotros mismos. Sin embargo, cuando los niños tratan de honrar a Cristo, oliendo bien y viéndose presentables, no debe ser para vanagloriarse ni para impresionar a las personas, sino por respeto a los demás. El objetivo no es «vestirme para el éxito» ni «asegurarme de que mi aliento no apesta para que los otros no vayan a pensar que soy un perdedor». En su lugar, desafiemos a nuestros hijos para que se interesen por su apariencia y ser cuidadosos con sus olores en constante evolución por el beneficio de las personas que los rodean.

No se trata de llegar a extremos en cuanto a la ropa, los cortes de cabello ni la moda para expresar su «individualidad», provocar comentarios o llamar la atención, sino más bien para mostrar que tiene una preocupación genuina por las personas con las que entra en contacto cada día. ¿Qué es lo apropiado, aceptable y respetuoso? Estas son las preguntas que pueden mantener mentas en el bolsillo y un poco de gel en el cabello.

2. El respeto por la autoridad

Ya sea que se trate de maestros, entrenadores, pastores o líderes de grupos pequeños, enséñales a tus hijos la importancia de expresar una sincera estima por las personas en autoridad. Dios no nos da permiso a nosotros ni a nuestros hijos para ser irrespetuosos o insolentes con los líderes solo porque sean malos. Considera el mandato de Pedro cuando el malicioso e inmoral tirano Nerón gobernó sobre el imperio romano:

«Den a todos el debido respeto. Amen a los hermanos, reverencien a Dios, respeten al emperador» (1 Pedro 2:17, DHH). Cuando Pablo empezó a insultar a su acusador y le dijeron que este era sumo sacerdote, pidió disculpas y dijo: «No hablaras mal de una de las autoridades de tu pueblo» (Hechos 23:5). Sigamos las instrucciones para la crianza inspiradas por Dios que se encuentran en el libro de Proverbios: «Hijo mío, teme al Señor y honra al rey, y no te juntes con los rebeldes» (24:21, NVI®). Las palabras que honran, las actitudes respetuosas, las notas de agradecimiento y la moderación del menosprecio recorrerán un largo camino, en especial en nuestros días, hacia un creciente favor piadoso de las personas.

3. Las notas de aprecio y agradecimiento

Con respecto a esas notas de agradecimiento, el simple hábito de que tu hijo aprenda a expresar de forma genuina su gratitud hacia quienes contribuyen a que su vida sea mejor, lo harán sobresalir en un mundo de ingratos. La Biblia predijo que a medida que la era presente avanzara hacia el final, las culturas del mundo se destacarían por su ingratitud (2 Timoteo 3:2). Exige que tu hijo, lo más temprano posible, comience a darles las gracias a camareros, choferes de autobuses, maestros de la Escuela Dominical, compañeros de clase y a todo el que haga algo por él. Insiste en que escriban notas de agradecimiento que envíen sin demora por cada regalo que reciben en Navidad, cumpleaños o en cualquier otra ocasión.

Incluso antes de que pueda escribir, haz que te dicte sus palabras de gratitud, sencillas, pero amables, mientras *tú* escribes la nota: «Esto es lo que Johnny me dijo acerca de su regalo...». Enséñale a tu hijo que le lleve una nota, y hasta un pequeño regalo, al final del año escolar a su maestro, a su líder de AWANA y a su maestro de Escuela Dominical. La enseñanza de este arte olvidado de seguro ayudará a tu hijo a crecer en gracia para con los ojos de su generación.

4. El aprendizaje para conversar

Como dije antes, los niños pequeños, por naturaleza, tienden a esconderse detrás de la falda de su mamá cuando les piden que saluden a alguien en el supermercado o en el vestíbulo de la iglesia. Requerir que aprendan a salir de detrás de tu pierna para establecer contacto visual y saludar al amigo de la familia es un primer paso muy importante. Aparte de enseñarle a saludar con respeto cuando aún es pequeño, tiene que haber una instrucción estratégica para llevar a cabo conversaciones en diversos eventos, reuniones y cenas. Recuérdales la siempre válida, pero olvidada exhortación, a que «sea pronto para oír, tardo para hablar» (Santiago 1:19). Aunque esto no es un permiso ni una razón para coserse la boca y no hablar cuando hay personas a su alrededor, de seguro que es un prerrequisito esencial para adquirir la capacidad de hablar con sabiduría. Fíjate en la bendición para quienes reciben palabras sabias: «El hombre se alegra con la respuesta adecuada, y una palabra a tiempo, ¡cuán agradable es!» (Proverbios 15:23).

Como recomendé antes, ora con tu hijo en el camino a cualquier evento que involucre una conversación potencial, y pídele a Dios que le dé oídos para escuchar con atención a quienes hablen con él. Ora para que Dios le dé palabras que beneficien al que las escuche. Que se diga de nuestros hijos que son ejemplos vivos del estándar que establece la Palabra de Dios: «No salga de vuestra boca ninguna palabra mala, sino sólo la que sea buena para edificación, según la necesidad del momento, para que imparta gracia a los que escuchan» (Efesios 4:29).

5. Las palabras de disculpas

Por supuesto, habrá ocasiones cuando las palabras o las acciones de tu hijo causen un daño o un dolor genuino. Eso es inevitable. Cuando suceda esto, lo importante es que aprenda a pedir disculpas con sinceridad. Eso de «Lo siento *si* te ofendí» no va con los cristianos. Nuestro estándar bíblico es la confesión (Santiago 5:16). Cuando pecamos contra otros, tenemos que «confesar» el daño que hicimos. «Confesar» en Santiago 5:16 proviene de un vívido término griego compuesto por «lo mismo» y «hablar». En otras palabras, tenemos que aprender a «decir lo mismo» que diría la parte ofendida con respecto a nuestra transgresión.

Por supuesto, no les enseñamos a nuestros hijos a mentir sobre algún daño que no hicieron, pero cuando sí dañaron a alguien, tienen que estar sinceramente de acuerdo con que lo que hicieron o dijeron fue indebido, inapropiado y malo. Aprender a hacer esto sin dar excusas o explicaciones, se recibirá como un rasgo muy estimulante en una época cuando pocas personas asumen la responsabilidad por sus errores.

6. La oración y las listas de oración

Una forma clave de crecer en gracia para con los demás, una meta para ser como Cristo, es tener una lista de oración que crece con regularidad. Cuando oramos por otros, aprendemos a interesarnos por otros. Cuando no solo pasamos un par de segundos orando por alguien, sino que aprendemos a interceder por el bien de quienes están en nuestras listas de oración, nuestros corazones siempre se sentirán motivados a hacerles bien de manera desinteresada cuando salgamos del cuarto de oración. La mejor recomendación que te puedo dar para ver a tu hijo cultivar la gracia piadosa para con las personas que interactúa es enseñarle a orar por otros.

Haz una lista de oración para tu hijo que incluya los nombres de sus amigos, compañeros de clase, maestros, entrenadores, director de la escuela y hasta de algunas personas que acaba de conocer. Ora con él usando la lista, sentados a la mesa del comedor por la mañana al comenzar el día, y mientras lo acuestas en la noche. Mándalo a un rincón tranquilo de la casa a orar por un par de nombres de su lista de oración antes de empezar sus deberes o antes de salir para la iglesia.

Estos momentos para pedir el favor y la bendición de Dios en las vidas de las personas con las que se relaciona a diario tendrán una influencia positiva en sus conversaciones y acciones hacia las mismas. Esto no solo aumentará la gracia para con otros, sino que una vida de oración sólida también lo llevará a crecer en gracia para con Dios.

LA DIVERSIÓN Y LOS JUEGOS DE UN HOMBRE JUSTO

Permíteme pintarte una escalofriante imagen de un «chico» soltero de treinta y dos años sentado en el sótano de la casa de sus padres. Por diversión, trabaja a tiempo parcial en un restaurante de comida rápida, duerme hasta tarde y le gusta ver el canal de de deportes ESPN cuando no está en el trabajo. Por lo general, se entretiene con videojuegos toda la noche y pide pizza a medianoche. Además, invita a sus amigos para jugar al póquer los fines de semana.

Esa no es una imagen agradable para la mayoría de los padres. No obstante, el número de estos «niños» grandes aumenta año tras año[1]. Puedes hacer algo para evitar que tu hijo se una a estas estadísticas de «jugadores» en casa[2]. Debes hacerlo. Tienes que hacerlo.

Mucho de lo que ya se analizó en este libro puede ayudar a tu hijo a alejarse de convertirse en un adolescente perpetuo que vive en tu sótano (o en su antiguo dormitorio, que ahora reclama). La atracción natural de los videojuegos, de la diversión, de relajarse es tan fuerte en los varones que, a menos que ayudemos a nuestro hijo a encontrar el papel adecuado de «la diversión y los juegos» en la vida de un hombre piadoso, puede que nunca quiera salir de la casa de sus padres.

LA RISA, UN REGALO DE DIOS

A menos que encuentres un placer perverso en ser austero y sombrío, estoy seguro de que reconoces con agradecimiento el valor de la capacidad que Dios nos dio para la risa y la diversión. Aunque la Biblia no recoge pasajes de Jesús jugando ni bromeando con sus discípulos, es difícil imaginar que el Hombre perfecto, a pesar de lo seria que fue su misión redentora, no tuviera experiencias regulares de alegría y risas con sus amigos. Sin duda alguna, vemos su ingenio y la hipérbole cómica en varias de sus parábolas.

También encontramos muchas biografías de hombres piadosos que sabían cómo divertirse. Considera a Charles Spurgeon. Aunque Spurgeon fue un predicador serio que proclamó un mensaje serio, William Williams lo conoció lo bastante bien como para más tarde afirmar:

> ¡Qué burbujeante fuente de humor tenía el Sr. Spurgeon! Creo [...] que me reí más cuando estaba en su compañía que durante todo el resto de mi vida. Tenía el más fascinante don de la risa que haya conocido en cualquier hombre, y también tenía una gran habilidad para hacer que todos los que lo escuchaban se rieran con él. Cuando alguien lo culpaba por decir cosas cómicas en sus sermones, decía: «No me culparía si solo supiera cuántas reservo»[3].

No estoy diciendo que Jesús o los predicadores fueran unos bromistas, pero debemos admitir que de seguro la piedad no es incompatible con la diversión y la alegría. Como padres, nuestro objetivo no debe ser eliminar el disfrute, la risa y la diversión de la vida de nuestros hijos. Mientras escribo esta oración pienso en que conozco muy pocas personas de nuestra generación que necesiten ese recordatorio. En cambio, si ese es tu caso, ahí lo tienes.

ES FÁCIL EXAGERARLO

La mayoría de los padres de hoy, sin pensarlo dos veces, son demasiado rápidos en proporcionarles a sus hijos experiencias cómicas y entretenidas una tras otra. Debido a que se alegran cuando ven a sus hijos reír y expresar felicidad, el objetivo tácito de muchos papás y mamás modernos se ha convertido en proporcionarles una fuente constante de vídeos alocados, historias divertidas, bromas, juegos, paseos y viajes al salón recreativo o parque de atracciones. Antes de acusarme de ser austero y sombrío, solo dedica un minuto a poner en perspectiva nuestra experiencia moderna de criar hijos. No tienes que ser historiador para darte cuenta de que la generación actual de niños pequeños está enredada en un entorno de diversión y juegos del que tu abuelo o tu bisabuelo no sabían nada. Sin duda, el creciente número de niños atrapados en la adolescencia perpetua tiene algo que ver con la programación de su juventud.

Muchos han comenzado a ver el efecto contraproducente que producimos en nuestros hijos cuando saturamos su infancia con diversiones y juguetes[4]. Desde el comienzo de nuestra paternidad tenemos que entender que concederles a los hijos que amamos todo el entretenimiento, la diversión y los juegos que sus pequeños corazones desean es, de hecho, todo menos una provisión amorosa. Si desde una edad temprana aprenden a contentarse solo cuando están en medio de una actividad divertida, de una búsqueda apasionante o de un evento entretenido, los apetitos de su niñez pueden convertirse en sus demandas de la adultez.

Nuestros juegos tienen que ser sociales e interactivos (consulta «Entonces, ¿qué me dices de...?»). Por supuesto, a veces puede haber diversión y hasta risotadas. Repito, tengo que ser claro; no recomiendo que la imagen de Dios, que debe reflejarse con la mayor exactitud posible en su pueblo, tenga que estar libre de la risa y la diversión. Sin embargo, la diversión, los juegos y el entretenimiento son, en el mejor de los casos, la guarnición de una vida piadosa y no el plato principal. Dicho esto, pensemos en nuestros hijos y en un enfoque sabio con respecto a sus pasatiempos de la infancia.

LA ÉPOCA DE JUEGOS EN LA NIÑEZ

De seguro que el juego es un medio muy apropiado para el desarrollo y el aprendizaje de cualquier niño. Cuando digo «juego», me refiero a esas actividades que nuestros hijos encuentran divertidas, graciosas y entretenidas, y que casi siempre son improvisadas y al parecer improductivas. Cuando admitimos que son una parte del desarrollo y el aprendizaje de nuestros hijos, este aspecto del juego en la infancia demuestra ser productivo para el niño. Los juegos y las actividades divertidas que lo hacen pensar, enfocarse, ejercitar la imaginación y mover el cuerpo (como vimos en el capítulo 5) son regalos de Dios que ayudan en el propósito de formar a tu hijo.

Entonces, ¿qué me dices de...?

EL ENTRETENIMIENTO EXCESIVO

¿Y qué hay de malo con la diversión, los juegos y la televisión? Nada, siempre y cuando no sea excesivo ni pasivo, dejando atrás las interacciones sociales de nuestros hijos. Ver en exceso la televisión (o *YouTube*) ha producido muchos de los llamados «teleadictos» que no solo pierden la forma, sino que se sientan o se acuestan solos en su casa.

El fallecido Neil Postman reconoció esto y mucho más, como lo describe en su obra clásica donde analizó en detalles los efectos amplios y duraderos de la «revolución de la televisión» en nuestra cultura. El título del libro de Postman decía mucho en solo tres palabras: *Divertirse hasta morir* (Ediciones de la Tempestad, 2001).

Incluso antes de Postman, juiciosos líderes cristianos como A.W. Tozer lamentaron la manera en que la familia cristiana es tan rápida en seguir el descenso del mundo hacia su adicción a la frivolidad, en su búsqueda por encontrar el humor en cualquier cosa: «Nos reímos de cosas que no son divertidas; encontramos placer en hechos indignos del ser humano; y nos regocijamos con objetos que no deberían tener cabida en nuestros afectos»[5].

El juego es bueno, pero como cualquier otra cosa en nuestro mundo caído, tiene que haber parámetros y límites establecidos para ayudarnos a evitar cualquier clase de actividad divertida que no glorifique a Dios. No podemos esperar que se honre a nuestro Creador permitiendo que los miembros de nuestra familia expresen o respondan de manera positiva a conductas, pensamientos, valores o palabras que violan sus mandamientos eternos.

En los primeros años de vida, este tipo de filtro en realidad no supone un gran desafío. Los patos de goma, los osos de peluche, las llaves plásticas para chupar y los colgadores para la cuna que brillan en la noche son lo bastante inocuos, pero en mi caso decidí deshacerme con discreción de regalos y ropas de niño que recibíamos para nuestros hijos y que tenían insignias o declaraciones culturales que no deseaba explicarles a mis hijos cuando más adelante vieran sus fotos de bebés. La clase de baratijas y ropas con referencias jipis, o las camisetas de la universidad que representaban instituciones que son bastiones de la filosofía enemiga de Dios, a menudo eran demasiado para mí. Eso puede parecerles extremo a algunos lectores, pero mientras más he aprendido a lo largo de los años sobre algunos de estos movimientos, o algunos de los líderes de estos círculos académicos, más se radicaliza mi conciencia (Romanos 14:23).

A medida que nuestros hijos crecen, también crecen sus opciones de juegos y juguetes. Los triciclos, bloques, volquetes, pelotas, patinetes y patines son, repito, lo bastante inocentes y demuestran en sí ser instrumentos útiles en el desarrollo de la mente y del cuerpo de nuestros hijos. La preocupación más común entre los padres de hijos pequeños tiene que ver con el *tiempo frente a una pantalla, las armas de juguete* y *los juegos de guerras,* de los cuales hablaré más adelante. Mi exhortación general para los padres cristianos, mientras se debaten entre los millones de juegos y opciones de juguetes, es pensar en cómo se ocupará la mente y el corazón de sus hijos cuando se dediquen a esa actividad. ¿Qué efecto tiene en él ese interés? ¿Es negativo? ¿Tendrías alguna reserva si la persona más piadosa que conoces entrara por la puerta y te viera permitiendo que tu hijo se divierta con ese juego, cante esa canción, se ría de esas bromas o imite esa conducta? Es probable que no tengas que responder a la persona más piadosa de tu círculo de amigos, pero sí nos ayuda a visualizar esa cita muy real que tendremos cuando aparezca el Santo.

Permíteme dejarte con esta consideración general al citar dos pasajes que a menudo vienen a la mente cuando compramos y participamos en las opciones recreativas y de entretenimiento que tenemos disponibles en este mundo, ya sea que se trate de mis hijos o de mí:

> Ya no andéis así como andan también los gentiles, en la vanidad de su mente, entenebrecidos en su entendimiento, excluidos de la vida de Dios por causa de la ignorancia que hay en ellos, por la dureza de su corazón; y ellos, habiendo llegado a ser insensibles, se entregaron a la sensualidad para cometer con avidez toda clase de impurezas. Pero vosotros no habéis aprendido a Cristo de esta manera, si en verdad lo oísteis y habéis sido enseñados en El, conforme a la verdad que hay en Jesús, que en cuanto a vuestra anterior manera de vivir, os despojéis del viejo hombre, que se corrompe según los deseos engañosos, y que seáis renovados en el espíritu de vuestra mente, y os vistáis del nuevo hombre, el cual, en la semejanza de Dios, ha sido creado en la justicia y santidad de la verdad. (Efesios 4:17-24)

> Y ahora, hijitos, permanezcan en él para que, cuando se manifieste, tengamos confianza, y cuando venga no nos alejemos de él avergonzados. (1 Juan 2:28, RVC)

LOS MOTIVOS MILITARES DE DIOS

Desde que nuestros niños son pequeños, no solo son expertos en refunfuñar, gruñir y erupcionar con sus pequeñas y explosivas voces masculinas, sino que también parecen inclinados, por naturaleza, a pelear, luchar e imitar cualquier cosa que se relacione con la guerra. A muchos padres cristianos les preocupa que estas inclinaciones «naturales» sean similares a las tendencias naturales que nos remontan a la caída pecaminosa de la humanidad.

Estoy muy de acuerdo en que la caída de la humanidad en el pecado ha dado lugar a guerras, conflictos, peleas y actos delictivos salvajes. Por eso es que esperamos el regreso de Jesús para que elimine el pecado en este mundo. Él traerá la paz duradera que prometen las Escrituras, y no habrá necesidad de guerras ni de armas. El profeta declara: «El Señor juzgará entre las naciones y decidirá los pleitos de pueblos numerosos. Ellos convertirán sus espadas en arados y sus lanzas en hoces. Ningún pueblo volverá a tomar las armas contra otro ni a recibir instrucción para la guerra» (Isaías 2:4, DHH).

Ese será un buen día. No obstante, entretanto, como dijo Jesús: «Ustedes oirán de guerras y de rumores de guerras» (Mateo 24:6, NVI®). Así que hasta que Él regrese, habrá necesidad de quienes se disponen a luchar por la protección y la defensa de lo que es bueno y justo. Será necesario entrenar guerreros para la seguridad de los inocentes y el castigo de los culpables. Ese es el diseño de Dios para el gobierno humano, como se nos explica en el Nuevo Testamento (lee Romanos 13:3-4).

El rey David, a quien Dios llamó un hombre conforme a su corazón (1 Samuel 13:14; Hechos 13:22), atribuyó sus habilidades militares al Señor y declaró en alabanza que Dios adiestró sus manos para la guerra y sus dedos para la batalla (Salmo 144:1). La guerra o los guerreros no se consideraban impíos ni inmorales. En la Biblia, cuando leemos sobre los soldados que se acercaban a Jesús, Juan el Bautista o los apóstoles, vemos muchas instrucciones con respecto al arrepentimiento y a la vida justa que debe seguirle, pero no leemos que se les hiciera ningún llamado a que dejaran su papel de guerreros. Es más, el apóstol Juan les instruye a los soldados a que se contenten «con lo que les pagan» (Lucas 3:14, NVI®). Considera también la letra de la primera canción de adoración que aparece en la Biblia, la cual proclama que «el Señor es fuerte guerrero» (Éxodo 15:3). Esta «canción de Moisés» se repite al final de la Biblia, justo antes de que Cristo «hace la guerra» en su venida (Apocalipsis 19:11).

Esto no significa que la guerra sea «buena» o «deseable», pero sí nos recuerda que, en este mundo caído, será necesaria. No solo será necesaria en un sentido literal para los soldados, infantes de marina, marineros y pilotos de guerra, sino que en las Escrituras la guerra espiritual también se presenta como una normativa para cada cristiano. Se nos dice que

> Pónganse toda la armadura de Dios para que puedan hacer frente a las artimañas del diablo. Porque nuestra lucha no es contra seres humanos, sino contra poderes, contra autoridades, contra potestades que dominan este mundo de tinieblas, contra fuerzas espirituales malignas en las regiones celestiales. Por lo tanto, pónganse toda la armadura de Dios, para que cuando llegue el día malo puedan resistir hasta el fin con firmeza. (Efesios 6:11-13, nvi®)

El apóstol Pablo dijo que había «peleado la buena batalla» (2 Timoteo 4:7), y que si se «echa mano de la vida eterna», necesitaremos pelear «la buena batalla de la fe» (1 Timoteo 6:12). Se nos dice que la vida cristiana requiere la participación en un conflicto constante (Filipenses 1:30). En la vida cristiana, así como en el ministerio, se sufre como un «buen soldado» con el fin de agradar «al que lo reclutó» en esta batalla (2 Timoteo 2:3-4). Se dice que tenemos «armas con las que luchamos» que son metafóricas (2 Corintios 10:3-4) y que debemos abastecernos de «armas de justicia para la derecha y para la izquierda» (2 Corintios 6:7). Y podría citar muchos ejemplos más.

Mi punto aquí es decir que una mentalidad «lista para la batalla» para la vida cristiana adulta no es lo mismo que los niños pequeños que participan en juegos de guerra. Es obvio que debe haber límites razonables sobre cómo se hace esto y hasta qué punto se lleva a cabo. Aun así, diría que si tu hijo nunca sirve a la causa de lo que es adecuado en una guerra justa o en un combate literal como parte de nuestras fuerzas armadas, hay algo útil y apropiado derivado de participar en la clase de juegos de combate que los niños son tan propensos a querer jugar.

Cada padre tendrá que decidir delante de Dios y en su conciencia si le permite a su hijo que juegue con armas de juguete, arcos y flechas, tanques y hombres armados. Mi opinión es que puede servir a un propósito espiritual útil y, en algunos casos, práctico. Esos padres que se niegan a permitirlo pueden tener buenas razones para tales prohibiciones, pero no creo que haya algún argumento convincente en las Escrituras que se pueda incluir dentro de esas razones.

EL TIEMPO ANTE LA PANTALLA

El mundo en que tu hijo crece está lleno de pantallas que son más que capaces de atrapar y mantener su atención, no solo durante unas horas, sino durante años y décadas. Esos teléfonos inteligentes móviles les permiten examinar sitios web, interactuar con amigos en diversas redes sociales y mirar muchos vídeos entretenidos, y a veces perturbadores, en *YouTube* y otros por el estilo.

La mayoría de los padres del siglo veintiuno se dan cuenta de manera intuitiva que el efecto de que un niño pase la mayor parte de su infancia con la vista fija en una pantalla no puede ser bueno. Para los padres negligentes que proveyeron una dieta saturada de pantallas durante los años de formación de sus hijos, los resultados fueron malos, por decirlo de la mejor manera. He visto los resultados. Pueden ser muy feos. He conocido padres cuyos hijos se niegan a salir de su dormitorio, excepto para un corto viaje al baño, y algunos hasta exigen que se les traiga comida tres o cuatro veces al día. He hablado con algunos cuyos hijos se han vuelto tan adictos a los teléfonos inteligentes, los videojuegos, las tabletas y computadoras que terminan por no bañarse durante días y días.

Las tendencias no son optimistas. Algunos informan que los jóvenes de esta generación pasan menos tiempo al aire libre que los presos de las cárceles[6]. Como es de suponer, los niños de hoy prefieren jugar videojuegos, ver televisión o enviarse mensajes de texto en lugar de salir a la calle. Un estudio publicado en el *Daily Mail* de Londres reveló que preferirían hacer casi cualquier cosa antes que jugar afuera, incluso hacer los deberes escolares[7]. En el capítulo 5 señalamos la necesidad de que nuestros hijos salgan afuera a correr, saltar, sudar y practicar deportes; ahora, consideremos la necesidad de limitar su tiempo de pantalla. No será fácil, pero tu esfuerzo resuelto es esencial para imponer restricciones sobre el tiempo que tu hijo dedica a ver televisión, jugar videojuegos o estar ocupado con un teléfono inteligente o una tableta.

Carlynn y yo decidimos no prohibir por completo las pantallas, las consolas de juegos ni que jugaran con diferentes aplicaciones de la tableta de la abuela. Nuestra estrategia fue hacer que esas ocasiones fueran raras y, más bien, enfatizar tantas otras actividades y entretenimientos en sus pequeñas vidas que quedara muy poco tiempo para tirarse en un sofá y «estar en Babia» delante de una pantalla. Esperamos más tiempo que la mayoría de los padres para permitirles tener una consola de videojuegos, y cuando obtuvieron una, fuimos muy selectivos sobre los pocos juegos que estábamos dispuestos a dejarles tener.

LOS VIDEOJUEGOS

Cuando nuestros hijos recibieron su primera consola de juegos y comenzaron a recibir juegos como regalo de cumpleaños de parte de amigos y miembros de la familia, al principio les permití tener juegos de los que después me arrepentí. Por supuesto, nunca les permití jugar ni tener un juego que tuvieran «violencia intensa, sangre, derramamiento de sangre, contenido sexual o lenguaje obsceno», tal como su familia (incluyendo a mamá y papá) no veían películas con esa clasificación. Sin embargo, como debí haber sabido, la clasificación de los videojuegos nunca cuenta la historia completa.

Como creo lo que dije antes acerca de los motivos de la guerra, al principio permití que mis hijos tuvieran diferentes tipos de juegos de guerras, batallas y peleas. Cuando me senté a verlos jugar esos juegos, me di cuenta de que algunos de ellos contenían lo que esperaba:

misiones de combate, comandantes llevando a cabo una estrategia defensiva y pistoleros en las calles del Viejo Oeste. Lo lamentable es que muy pronto descubrí que otros de esos juegos eran muy gráficos en sus representaciones, injustos en sus tácticas y que alentaban el abuso flagrante en las formas en que un jugador podía ganar puntos. Me di cuenta de la necesidad de analizar todos y cada uno de los juegos que recibían. Cuando hice mi tarea, llegué a la conclusión de que muy pocos tenían algo de valor. El resto los botamos. Este nuevo mundo virtual de la guerra estaba a años luz de jugar «Batalla naval», «Stratego» o «Riesgo». Llegó el momento en que incluso prohibí todo ese género de juegos en nuestro hogar.

Debido a que crecieron en el sur de California, fue inevitable que nuestros hijos recibieran videojuegos de patinaje, tabla sobre nieve y otros tipos de juegos del estilo de vida de los «chicos populares». Algunos estaban bien, pero tuve que tirar, de nuevo, algunos a la basura por su alto contenido de rebelión, crueldad, derramamiento de sangre o arbitrariedad. Si les preguntaras a mis hijos adultos qué tipo de videojuegos les permitieron jugar sus padres, es probable que digan: «Juegos de deportes profesionales». Hubo algunas excepciones, pero tienen razón en la mayoría de los casos. El golf, el béisbol, el fútbol y el baloncesto eran los temas de la mayoría de sus juegos, ¡pero incluso con moderación!

Los videojuegos diseñados de manera creativa y hermosa pueden atrapar a tus hijos. Quizá pienses: «Mientras no sea vulgar, demasiado violento o sangriento, ¿cuál es el problema?». Sí, hay algunas habilidades y destrezas que tu hijo puede adquirir al dominar un videojuego, pero hay mucho más en su infancia aparte de sentirse hipnotizado participando en una temporada de béisbol virtual (simulada y pasiva). Establece reglas básicas desde el principio si decides permitir esta clase de juegos. Primero la iglesia, el ministerio a otros antes del juego, los deberes escolares antes de encender cualquier pantalla y la hora estricta de dormir son inviolables. También debo añadir que debes mantener esas pantallas en un área de la casa que sea visible con facilidad, bien transitada y con las puertas abiertas, de modo que puedas vigilar tanto la clase de juegos como el tiempo que pasan en los mismos.

También te aconsejo que a menudo le recuerdes de manera constante y enérgica a tu hijo, mientras está sentado durante su tiempo designado para este tipo de juegos, que esta es la breve época de su vida para tales cosas. Claro, en nuestro hogar, papá se les unía de vez en cuando para tratar de ganarles en unos pocos hoyos de su videojuego de golf, pero como te pueden contar, siempre les decía que la razón por la que vencían a su padre era porque esos juegos eran para niños. Con frecuencia sonreía y les decía: «Disfrútenlos ahora, muchachos. ¡Dios los creó para cosas mucho más importantes que los videojuegos!». Confío en que puedes dar un buen ejemplo en este sentido. Sí, es posible que tengas personas de vez en cuando para jugar un juego de mesa o tal vez hasta un juego en una pantalla, pero de seguro que Dios no diseñó la vida adulta para estar jugando. Nuestros hijos necesitan saber esto.

EL SENTIDO COMÚN SANTIFICADO QUE PARECE POCO COMÚN

Una vez más, concluyamos este tema con algunos aspectos prácticos que pueden tener un papel muy importante en la crianza de un hombre justo que viva de manera productiva y entienda el papel apropiado de la diversión y los juegos en su vida.

Deja de decir: «*Todo lo que quiero es que mis hijos sean felices*»

Para un sermón que predicaría pronto, decidí llevar a cabo una investigación de primera mano sobre un pasaje que nos llamaba a examinar cuáles son nuestras metas principales y lo que deberían ser. Me fui con un camarógrafo y un micrófono a un lugar público de la ciudad para entrevistar a personas y descubrir sus metas para la vida. Era como si todos leyeran el mismo guion. Parecía que cada dos personas que entrevistaba, una me decía que la felicidad de sus hijos era su meta principal: ¡su «felicidad»!

Como dije en el capítulo 1, espero que esa línea no sea la respuesta de los padres que quieren criar hombres piadosos. Este mantra cultural no solo no tiene lugar en el corazón ni en la boca de un padre que desea ver a sus hijos crecer en la verdad de Dios, y dar frutos en el amor y en el servicio a Cristo, sino que cuando nuestros hijos nos escuchan decir tales cosas, siempre las recuerdan. Si tu hijo piensa que la meta apropiada para su vida es «ser feliz», se dedicará a hacer elecciones durante años, y tal vez durante toda su vida, basadas en lo que le resulta divertido, entretenido, placentero o agradable. Recuerda que su propósito debe ser participar en las «cosas buenas, rectas y verdaderas» y que todos los días «averigüen bien lo que agrada al Señor» (Efesios 5:9-10).

Di «Sí» con sacrificios de por medio

La vida adulta está llena de elecciones que implican sacrificios. Nuestros hijos necesitan aprender esto muy temprano, mientras comienzan a dominar y restringir sus anhelos y deseos. Demasiados padres les dan carta blanca a sus hijos diciéndoles «sí» una y otra vez a sus peticiones sencillas, debido a que el precio para el padre es muy pequeño en realidad. «¿Por qué no?», razona el padre. «Hace feliz a mi hijo».

Hubo una época en la que a mis niños pequeños les encantaba coleccionar palitos. Más tarde, sus aficiones pasaron de palitos a rocas. Creo que mi casa se habría llenado de sus hallazgos en el vecindario si mi esposa no les hubiera enseñado una valiosa lección muy temprano. Cuando el estante al lado de sus camas tenía seis rocas o el piso del auto estaba lleno de palitos, mi esposa les decía con el «séptimo» en la mano que podían satisfacer su deseo con ese fantástico nuevo hallazgo, pero que uno en la colección debía irse. En seguida veías cómo arrugaban el entrecejo y ponían a funcionar los engranajes de sus pequeños cerebros. Esa era una forma sencilla, pero sabia de que calcularan el costo de sus acciones y aprendieran a restringir la satisfacción de sus deseos, incluso antes de que les costara un centavo. Esta es una lección que puede repetirse una y otra vez con los autos de juguete, los osos de peluche o cualquier otra cosa que a tu hijo le guste coleccionar.

Permite segmentos de diversión en medio de la responsabilidad

Piensa en las muchas situaciones donde tu hijo tiene que participar en actividades que no son nada placenteras. Para los niños pequeños, con su anhelo permanente de jugar y divertirse, puede ser el tiempo que tienen que quedarse quietos y sentarse tranquilos en un restaurante, mientras tú y tu esposa conversan con otra pareja. Tal vez la hora del baño, de la siesta o de los deberes. Podemos diseñar todas estas actividades con un segmento limitado de diversión, creado para ayudarle a quemar toda esa energía acumulada de modo que cuando llegue el tiempo de trabajar, enfocarse o estar tranquilo, esté apto para triunfar. Durante el tiempo del baño necesitas cooperación para llevar a cabo esta importante necesidad. Tu deseo es terminarla tan pronto como sea posible. No obstante, destina una pequeña cantidad de tiempo (con ese temporizador de cocina del que hablamos en el capítulo 6) para que tu hijo se divierta jugando y salpicando agua. Cuando termine el tiempo, es hora de retomar la tarea. Se terminó el juego y el alboroto.

Mi restaurante favorito tiene un césped al lado donde mis hijos sabían que tenían la libertad de jugar y correr una vez que mamá y papá les hacían la señal para pedir permiso y levantarse de la mesa. La hora de la comida era el tiempo en que debían estar tranquilos, comer y colorear sus salvamanteles individuales, pero que se acercaba la «hora de la diversión». Lo sabían y eso los ayudaba. De la misma manera, cuando eran pequeños, la hora de la siesta comenzaba con unos minutos para cantar, jugar o hablar, pero cuando el temporizador de cocina se detenía, debían empezar la siesta.

Designa el lunes (o cualquier otro día) para la diversión

Los días o las tardes que se designan con antelación pueden servir para el mismo propósito que tenían los «segmentos de diversión» cuando tus hijos eran pequeños. Con mi horario como pastor, debíamos tener nuestra «tarde divertida» los lunes. ¡Siempre la tuvimos con puntualidad! Nuestros hijos sabían que venía cada semana. Como estaban en la escuela, si los miércoles o los jueves por la tarde parecían «un fastidio» llenos solo de «¡trabajo, trabajo, trabajo!», siempre podían contar con que algo divertido estaba a punto de llegar en la tarde divertida del lunes. Este sencillo principio da resultados con los niños y también con los adultos. Cuando programamos primero el tiempo para la recreación o la diversión y lo cumplimos con fidelidad, podemos encontrar con más facilidad la disciplina y la perseverancia que necesitamos para lidiar con nuestro tiempo de trabajo.

Dales algo que esperar. Puede tratarse de unas vacaciones divertidas, una salida nocturna o un día para pasarlo bien durante la semana. Tal vez te sorprenda, pero quienes pareciera que están «jugando todo el tiempo» o tomando demasiados recesos pueden ser mucho menos productivos que los que anticipan esos recesos. Crea segmentos con «momentos divertidos» para tus hijos durante el día, la semana y el año. Esto servirá para mantener debidamente alimentado su apetito (y el tuyo) por la diversión, y el enfoque en el trabajo y la responsabilidad donde debe estar.

Incluye la diversión con un propósito

Ya sea que se trate de unas vacaciones que se aproximan o una corta visita a la casa de la abuela, es sabio diseñar el tiempo de diversión como algo que proporciona dividendos en otros aspectos de la vida de tus hijos. Haz tus vacaciones divertidas, por supuesto, pero también utiliza parte de ese tiempo para edificar y formar el punto de vista de tu hijo acerca del mundo por amor a Cristo. No conviertas todo el tiempo de vacaciones en un viaje educacional, pero sí piensa y planifica para ver de qué manera puedes convertir una parte de ese paseo de pesca, esa salida a la montaña o esa excursión a la costa este en algo que informa, alerta o instruye a tu hijo para el futuro. Algunos padres hacen esto por naturaleza. Otros lo llevan demasiado lejos. Sin embargo, en caso de que no lo hayas hecho, piensa un poco en esto.

Incluso, puedes utilizar un viaje de cuarenta y cinco minutos en la carretera, como era el caso del recorrido a la casa de la abuela de mis hijos. En vez de solo poner música o algún vídeo en la furgoneta de la familia, ten en la guantera del vehículo un libro divertido que contenga preguntas sobre la Biblia. Convierte el tiempo en la carretera en un divertido juego familiar donde el más pequeño de la familia contesta las preguntas más fáciles y mamá tiene que contestar las que se encuentran en la categoría de «expertos». Diviértanse y permite que esos juegos competitivos llenos de risas se transformen en un trampolín para tener debates cortos acerca de las lecciones de las historias o de los hechos que se relatan en la Biblia a medida que los encuentran.

Instruir y dirigir a nuestros hijos para que se conviertan en adultos piadosos no significa eliminar la diversión ni la alegría de la niñez. No es necesario descartar su sentido del humor ni su habilidad de reírse, y hacer una broma de vez en cuando. En definitiva, los hombres piadosos conocen la alegría y la satisfacción de vivir una vida en paz con su Creador. Nuestro deseo y oración para nuestros hijos es que aprendan a administrar su apetito por la diversión y los juegos, al encontrar el papel apropiado que estos tienen en su vida, sin eliminarlos de la misma. Que nuestra crianza llena de oración los guíe en sus elecciones recreacionales y les permita encontrar los límites justos que Dios desea que mantengan mientras viven de manera productiva para Él en este mundo.

SABIDURÍA PARA ATRAVESAR LOS AÑOS DE LA ADOLESCENCIA

Hay una palabra que provoca muchas emociones en los padres: *adolescentes*. Debido a que cada padre fue adolescente, existen buenas razones para tal reacción visceral. Algunas «autoridades» modernas insisten en que el concepto de adolescente es un constructor social innecesario, pero no cabe duda de que durante estos años tenga lugar un sinnúmero de cambios.

Las transiciones emocionales, fisiológicas y espirituales que ocurrirán en tu hijo durante los años de la adolescencia supondrán algunos desafíos muy particulares, diferentes a los de cualquier otra etapa de la vida[1].

Estoy seguro de que puedes pensar en tus propios años de adolescente y recordar la experiencia sin precedentes de pasiones, conflictos, descubrimientos, estallidos y reacciones que estaban vinculados, sin lugar a dudas, con los numerosos cambios que ocurrían en tu cuerpo. Como padres cristianos cuidadosos, necesitamos prepararnos para lidiar con nuestros hijos durante estos años turbulentos. Necesitamos pensar con sabiduría en cómo preparar a nuestros hombres jóvenes para la vida adulta que se acerca con rapidez. Ya hablamos de los años de la adolescencia en lo que respecta a los horarios límites, la administración del tiempo y su creciente conciencia sexual, pero convertir niños en hombres durante los años de la adolescencia requiere una atención especial. Por tanto, este es el último capítulo.

Aunque no podemos negar una serie de efectos que se derivan de la tormenta biológica de este período de transición, nunca usemos esa etiqueta como una excusa para «dejar que los adolescentes sean adolescentes». He conocido a demasiados padres de adolescentes salvajes y rebeldes que solo se encojen de hombros y dicen afligidos: «Es un adolescente. ¿Qué se puede hacer?». Los padres que dicen vivir en santidad no se harán eco de estas palabras. Considera el estándar de paternidad para los líderes cristianos que se encuentra en las páginas de la Palabra de Dios. La Biblia no muestra una exención especial si el hijo es «adolescente». Dios requiere que los hijos del líder no estén «acusados de mala conducta o de ser rebeldes» (Tito 1:6). El alto estándar que establece el Señor no puede hacerse a un lado porque un padre quiera excusar a su hijo como un adolescente «loco».

LAS LUCHAS POR LA INDEPENDENCIA Y EL PODER

A lo largo de los años de la escuela secundaria, no debe sorprendernos que hasta un hijo bien enseñado y de buenos modales quiera, pida o incluso exija crecientes libertades e independencia de tu supervisión, reglas y restricciones. Esta etapa transitoria de la vida está caracterizada por los hombres jóvenes que creen que son capaces, en muchas maneras, de ocuparse de sus asuntos diarios sin tu «interferencia». Por supuesto, no saben mucho, y en algunos casos nada, acerca de lo que es pagar una hipoteca, las facturas de la electricidad, las primas del seguro, el mantenimiento y las reparaciones de la casa, y la lista continúa. Por naturaleza sienten ese deseo de autonomía, pero no tienen el deseo ni la habilidad para gobernarse de veras a sí mismos. Todos podemos simpatizar con el deseo de ser independiente pero como padres hemos aprendido mucho acerca de lo que viene con ese deseo.

En vez de ser igual a muchos padres que se enfrascan en luchas de poder cada semana con sus hijos, debemos empezar a ayudarlos con sabiduría a apreciar que a su creciente independencia la acompaña una serie de responsabilidades que los ayudará a ver el precio de ser el que lleva la batuta.

¿Cómo hacemos esto? Siéntate con tu cónyuge y diseñen la transferencia de tareas domésticas que tendrá lugar desde los trece hasta los dieciocho años. Pregúntense: «¿A qué edad le daremos la tarea de preparar la merienda que lleva a la escuela? ¿A qué edad le daremos la tarea de lavar y doblar su ropa? ¿A qué edad le daremos la tarea de rellenar todos los formularios para el primer día de escuela en la oficina del médico? ¿Cuándo deberá empezar a pagar la factura de su teléfono?». Planificar los años de la adolescencia de esa manera le proporciona a tu hijo una alerta proactiva con respecto a lo que implica ser independiente. No eliminará esos conflictos en los que escucharás: «Deberías permitirme hacer eso», pero me he dado cuenta de que mitiga los constantes reclamos por más libertad. Al menos hará que lo piense dos veces.

LAS MAMÁS Y LOS HIJOS VARONES

La lucha de poderes y el desinterés general de los hijos adolescentes golpean con fuerza a las madres. Si eres madre primeriza de un hijo adolescente o muy pronto lo serás, te lo advierto. Es doloroso en algunas maneras. Los padres, por lo general, se sienten orgullosos de que sus hijos se vuelvan independientes. Las madres, por otro lado, a menudo lloran bastante cuando llega esa etapa. El niño que solía correr a colgarse de tu cuello para abrazarte tan fuerte como pudiera con esa mirada genuina de afecto y adoración, ahora quiere que no te metas en sus asuntos. Quiere privacidad. Rechaza tu ayuda. Añade a ese dolor el hecho de que esas miradas de afecto y adoración genuinos ahora se fijan en una chica adolescente de su clase de cálculo, en la que no puede dejar de pensar. El aparente rechazo y la sensación de que tu hijo te ha sacado de su corazón pueden llegar a sentirse insoportables.

LOS PAPÁS Y LOS HIJOS VARONES... Y LAS MAMÁS

En primer lugar, tienes que insistir con firmeza en que tu hijo trate a su mamá con el mayor respeto. Por supuesto, puedes entender su deseo de crecer y el hecho de que siente que ya no necesita «una mamita», ¡pero tu trabajo es asegurarte de que hace lo que sea necesario para tratar a su madre con honor como lo exige con claridad la Biblia! Recuerda que en Éxodo 20:12 Dios le ordenó honrar a los padres a una asamblea donde la mayoría de las personas eran adultas. Sí, el mandamiento incluye el llamado a los niños de obedecer a sus mamás y papás, y es evidente que lleva implícito el deber de ocuparse financieramente de los padres cuando son ancianos, pero entre esos dos extremos hay décadas donde se debe mostrar honra.

Papá, enséñale a tu hijo que cada vez que pone los ojos en blanco, alza la voz o le falta al respeto a su mamá, no solo está violando el mandamiento de Dios de tratar a su hija (la mamá de tu hijo) con respeto, ¡sino que esa mujer también es tu esposa! Espero que todos los hijos adolescentes tengan al menos un recuerdo de una conversación no muy agradable con su padre enojado, en la que papá insistió que ese jovencito peludo, maloliente y desgarbado que vive en su casa tratara a su amada esposa con dignidad y honor.

Luego, papás, ustedes necesitan guiar a sus esposas con mucho cuidado y amor a dejar ir a sus hijos. Poco a poco, año tras año, esta etapa de la adolescencia es una transición de la dependencia a la independencia. También es duro para nosotros como padres, pero mejor nos lo tragamos, ponemos una cara valiente y ayudamos a nuestras queridas esposas a darles a nuestros hijos cada vez más de la independencia que de seguro necesitarán para madurar y convertirse en hombres.

Es importante redoblar la inversión en tu matrimonio durante estos años de la adolescencia. Muy a menudo los padres de hijos adolescentes están concentrados en sus carreras y, con frecuencia, se presentan muchas oportunidades para avanzar en la vida profesional. Si es necesario, dile no a algunas de ellas y dedícate más a tu esposa. Planifica un viaje divertido a algún lugar especial. Sorpréndela con una salida de fin de semana, solo para ustedes dos. Salgan dos noches a la semana en vez de una. Planifica caminatas y conversaciones más largas. Es muy importante que cuente con tu amor y apoyo durante esos años en los que «pierde a su niño». Incluso si desde el principio adoptaron una forma de pensar adecuada, atravesar estas etapas de creciente (y apropiada) separación y retirarse de la vida diaria de tu hijo requieren más de tu devoción compasiva para tu esposa.

Entonces, ¿qué me dices de...?

CUANDO EL PAPÁ NO ESTÁ PRESENTE

Si eres madre soltera, puede que te preguntes cómo es posible criar hombres sola. Una madre soltera siente de manera intensa el peso de ese desafío cuando se trata de los últimos años de educar a un adolescente. Mamá, si estás atravesando esta época final tú sola, insisto en que te acerques a la familia de tu iglesia como nunca antes. Hay líderes de grupos de jóvenes, pastores, diáconos y asistentes ministeriales que pueden ser líderes masculinos fuertes en la vida de tu hijo.

Puede que esas importantes relaciones no surjan sin tu esfuerzo consciente para crearlas, pero tienen muchas posibilidades de surgir. A innumerables hombres jóvenes los discipularon y prepararon durante los años de la adolescencia por mentores temerosos de Dios que dedicaron de manera altruista y generosa el tiempo necesario para invertir en sus vidas.

Si no hay un abuelo, un tío o un primo mayor en tu familia que sea un hombre piadoso, acude con valentía a tu familia espiritual en busca de ayuda.

En nuestro mundo caído, sé que habrá padres divorciados que leerán esto; puedo imaginar que el último párrafo te dejara a ti, madre o padre soltero, bastante desanimado. No lo estés. Tu situación puede verse afectada por tener que lidiar con los años de la adolescencia de tu hijo sin un cónyuge, pero escribo este libro para los cristianos. No debe haber ningún cristiano que lea este libro sin una familia de la iglesia. Esa familia es de suma importancia. Debes darte cuenta de que a pesar de que hay un creciente desprendimiento personal que acompaña a la crianza de un hijo durante su adolescencia, sobre todo en sus últimos años de la adolescencia, puede y debe incrementarse como se debe tu conexión con tu iglesia, sus miembros y ministerios.

¿EL DOCTOR JEKYLL Y EL SEÑOR HYDE?

Los cambios hormonales que inundan el cuerpo y el cerebro de tu hijo durante los años de la adolescencia pueden hacer que te preguntes si criaste al próximo Dr. Jekyll y Mr. Hyde. Durante estos años es de esperar que se produzcan cambios de humor. Es probable que tú también los tuvieras. Puede que tu hijo esté muy perezoso en la mañana, demasiado eufórico en la tarde y enojado en gran medida cuando termine de cenar. Eso sucede. Tu objetivo es ayudarlo a ejercer un nivel de autocontrol que le impida hablar, tomar decisiones o enviar mensajes de texto cuando se encuentra en un altibajo emocional. Una de las exhortaciones que más les repetíamos a nuestros hijos adolescentes en esta etapa era «orar por ese asunto y consultarlo con la almohada». Recuerda al profeta Elías, que después de tener la experiencia cumbre de derrotar a los profetas de Baal, en seguida tuvo la experiencia en el desierto donde lo persiguió la malvada reina Jezabel y lo hizo desesperar (1 Reyes 19:1-4). Al igual que Elías, tu hijo se dará cuenta de que una buena noche de sueño, una comida decente y una conversación con Dios pueden ayudarlo a pensar con más claridad y a tomar mejores decisiones.

Todos pasamos por las experiencias cumbres de una gran victoria y el desaliento de sentirnos derrotados en el desierto, pero tal parece que nuestros hijos adolescentes recorren ese ciclo todos los días. De modo que sé amable. Sé solidario. No hay cabida para la transgresión. No hay justificación para los arrebatos pecaminosos. Sin embargo, podemos mostrar compasión y tratar de entender con paciencia la mezcla volátil de emociones y las presiones únicas de esa etapa especial de la vida, y eso nos debe dar cierta perspectiva. Nuestra empatía debe influir en cómo oramos por nuestros hijos y prepararnos para perdonarlos cuando confiesan sus fracasos.

EL HUMOR EN LA SECUNDARIA

Antes del instituto está la secundaria. Es inevitable que tu hijo y sus amigos aprendan la clase de humor que tal parece agita la vena humorística de los varones de secundaria. El hogar en que criaste a tu hijo quizá estuviera sin la contaminación del humor crudo, rudo y de mal gusto, tan común en los adolescentes, pero de todas formas alcanza a tu hijo. De modo que no te sorprendas cuando expulsar gases, eructar, escupir o cualquier otra cosa relacionada con las funciones corporales se convierten en lo mejor de las comedias para tu hijo. Nuestra cultura no hace mucho para inhibir este tipo de humor. Es más, nuestra sociedad parece trabajar horas extras a fin de asegurar que sea una parte permanente de la vida adulta de todos los hombres. Muchas de las películas de comedias que son un éxito taquillero parecieran estar dirigidas a niños de séptimo grado. Y, sin embargo, estas películas y sus bromas atraerán y cautivarán a un sector básico de personas de casi todos los grupos demográficos.

Aunque tal vez sea imposible imaginar a un chico de secundaria que no se ría cuando alguien expulsa un gas en su clase, creo que tenemos la responsabilidad como padres, en especial como padres cristianos, de no prolongar ni alimentar este apetito natural por esta clase de humor. Me atrevo a sugerir que hay todo un género de comedias que, en realidad, no vale la pena que vean ninguno de los dos. Nunca. Habrá suficientes cosas que pasarán en el universo de su escuela que provocarán esta clase de risa. De seguro que no necesito guionistas ni técnicos de sonido que aumenten su hambre por este humor básico. Cuando estén en casa y alguna situación de este tipo desate la risa de toda la familia, te recomiendo que digas como decía yo: «Esa fue nuestra cuota de la semana». Así como sucedía con algunas palabras o temas, a menudo designaba una cuota para ese tema. «Esa es una palabra que usarás solo una vez al mes», o «Ya fue suficiente sobre ese tema para dos semanas».

Las obscenidades o la vulgaridad nunca deben permitirse, pero en el curso de la vida diaria surgirán situaciones, descripciones o comentarios inevitables que detestarías ver como algo normal para tu hijo. Sin duda, un conjunto de asuntos poco delicados provocarán estallidos de risa entre sus compañeros y los harán querer más, pero como padres debemos subir el nivel de la decencia y el decoro, incluso en los años de secundaria y del instituto.

En cada situación, seamos conscientes de lo que nunca es apropiado para el pueblo de Dios:

> Pero que la inmoralidad, y toda impureza o avaricia, ni siquiera se mencionen entre vosotros, como corresponde a los santos; ni obscenidades, ni necedades, ni groserías, que no son apropiadas, sino más bien acciones de gracias. Porque con certeza sabéis esto: que ningún inmoral, impuro, o avaro, que es idólatra, tiene herencia en el reino de Cristo y de Dios. Que nadie os engañe con palabras vanas, pues por causa de estas cosas la ira de Dios viene sobre los hijos de desobediencia. (Efesios 5:3-6)

Nunca debemos reírnos ni permitir que nuestros hijos se rían de las cosas que traerán juicio sobre los perdidos de este mundo.

«¿CÓMO ME VEO?»

Puede que no escuches salir de su boca las palabras «¿Cómo me veo?», pero puedes estar seguro de que esta preocupación está en su mente. Si este fuera un libro para las niñas adolescentes, es probable que esta sección necesitara múltiples capítulos, ya que las amigas, las películas y otros medios de comunicación masiva presionan a nuestras hijas con la idea de que tienen que «verse atractivas». Tu varón adolescente también luchará con la forma en que se ve; negarse a reconocer esto es como hundir la cabeza en la arena. Los años de la adolescencia traen consigo un interés creciente en la apariencia. A todo el mundo le gusta agradar. Todos queremos vernos bien. Si las personas fueran sinceras, admitirían que les gusta que las consideren atractivas. Todo esto comienza en los años de la adolescencia. Ser consciente de la existencia de esa preocupación, en especial en los varones a quienes les gusta fingir que no les interesa, es importante para cada padre.

Como puedes recordar de tu propia experiencia adolescente, los compañeros son crueles en particular cuando se trata de algo que no consideran atractivo. Y se puede argumentar que incluso a las personas atractivas las golpea un tipo especial de menosprecio adolescente. Con todo eso sucediendo, es importante evitar lo que debe ser obvio. Si tu hijo es de baja estatura para su edad, no debes darle más razones para sentirse mal por esa realidad. Si es alto para su edad. Si es corpulento. Si está desgarbado. Si está pálido. Si su cabello es demasiado rizado. Si tiene el cabello muy fino. Podría añadir muchos más. Sé que los padres miran a sus hijos a través de los lentes del amor paternal que les hace amar todos esos atributos, pero sus compañeros no usan esos mismos lentes. Los comentarios críticos con respecto a su apariencia pueden ser casi tan devastadores para un adolescente como uno lo imaginaría para una adolescente.

Haz lo que puedas para poner en perspectiva todo eso con mucho cuidado y diplomacia. Por supuesto, «Dios ve no como el hombre ve, pues el hombre mira la apariencia exterior, pero el SEÑOR mira el corazón» (1 Samuel 16:7). Eso lo sabemos, y es nuestra principal preocupación como padres cristianos. Sin embargo, afirmar ese hecho no puede borrar la preocupación natural de los adolescentes en esta etapa de preocuparse por si son atractivos para el sexo opuesto. Dentro de lo razonable, ayúdalos a superar estos desafíos. Si están en su erupción divinamente programada del acné, haz lo que puedas por ayudarlos con aire despreocupado a mitigar los efectos. Sin exagerar al tratar de eliminar este rito de iniciación de la adolescencia, ofréceles consejos con toda tranquilidad y ayúdalos con fundas de almohadas limpias, jabones faciales y cremas para el acné.

Digo «con aire despreocupado» y «con toda tranquilidad» porque la forma en que les insistas sobre su rostro o su estado físico puede desmoralizarlos o avergonzarlos. Pueden aislarse o retraerse, empeorando las cosas y cerrándole la puerta a tu ayuda. Aun el hijo más intrépido con la personalidad más valiente, fuerte e inquebrantable es bastante frágil en lo que respecta a su apariencia durante algunos de los años de su adolescencia. Habla menos. Ofrece ayuda de forma tranquila y calmada. Papás, denle algunos consejos sobre cómo vestirse para diversas ocasiones. Enséñales a afeitarse en el momento apropiado (¡mejor demasiado temprano que demasiado tarde!). Enséñales a cortarse las patillas, a controlar los vellos de las axilas y a que sus zapatos no huelan mal. Acompáñalos a comprar una colonia con un olor decente y que sea duradera. Muéstrate interesado, sin parecer más preocupado de lo que ellos están dispuestos a admitir que están.

Cuando te pidan que te mantengas al margen, lo puedes hacer, pero no por completo. En el adolescente promedio, su interés en su aspecto a menudo brindará oportunidades para que seas de ayuda. No se trata de vanidad, arrogancia ni mundanalidad. Es necesario apoyar a tu hijo adolescente a medida que hace su entrada a la vida adulta como un hombre de buena apariencia.

LAS DROGAS Y EL ALCOHOL

A menos que críes a tu hijo dentro de una burbuja plástica, se le presentarán oportunidades durante los años de la adolescencia para probar las drogas y el alcohol. Espero que hayas comenzado a prepararlo para afrontar esta tentación mucho antes de los años de la adolescencia. Así debe ser. Ocultarle el hecho de que las drogas y el alcohol son los medios más comunes que el enemigo utiliza para destruir sus vidas es absurdo. Incluso si tu hijo tiene cinco o seis años, a medida que se encuentran con historias y situaciones en la vida que ilustran la devastación que producen estos vicios, debes reforzar la necesidad de evitar estos populares medios recreativos.

Asegúrate de enseñarle a tu hijo que legalidad no significa moralidad. Dios está interesado en que sus hijos vivan de forma justa y piadosa. En la actualidad, las leyes del mundo permiten toda suerte de actividades que son inmorales e injustas. No era diferente en los días de la Biblia. Nuestro estándar es la verdad de Dios, no las leyes del gobierno ni la próxima propuesta del estado. Si bien por ahora los estados todavía prohíben el uso de alcohol y drogas en el caso de los menores de edad, todas las conversaciones sobre la legalización de la marihuana, por ejemplo, le transmiten a la mente de un adolescente que en realidad no hay nada de malo en esas cosas. Comenzar temprano significa ir a la delantera. Recuérdales que a los cristianos no les importa mucho lo que permiten las leyes del país; vivimos para examinar «qué es lo que agrada al Señor» (Efesios 5:10).

Es importante enseñarles a nuestros hijos que el Dios de la Biblia está a favor de la sobriedad. La meta de reflejar la imagen de Dios en nuestras vidas humanas busca favorecer siempre la actitud alerta, el pensamiento claro, la percepción, la conciencia, la atención, la sensibilidad y el control sobre nuestras facultades. Por el contrario, la Biblia siempre ve una desconexión entre la dignidad humana y la intoxicación, la embriaguez, la incapacidad, el letargo, el desenfreno, la confusión, o estar «bajo la influencia» de una sustancia, como lo llaman. Dios siempre condena estas cosas y los dieciséis ejemplos que aparecen en la Biblia de personas intoxicadas no se presentan en buenos términos. Embriagarse está mal (Efesios 5:18; Proverbios 31:4-5).

Aunque no encontramos ningún pasaje que hable mucho del problema de la droga, podemos ver con claridad que no está permitido alterar la química del cuerpo por diversión. Ya sea el alcohol, la marihuana, un medicamento restringido o cualquier otra cosa, tales sustancias no deben usarse para inducir una experiencia fisiológica eufórica. Estos elementos tienen su propósito, pero no deben utilizarse como un medio recreativo (Eclesiastés 10:17). Cuando los usamos para la recreación, casi siempre implican diferentes grados de intoxicación. Lo que es peor, cuando se juega con la química de nuestro cuerpo solo para alcanzar el «éxtasis», el principio del efecto disminuido nos llevará a la adicción. Como un pastor acostumbrado a lidiar con personas desde hace décadas, he visto la devastación de estas adicciones. Las Escrituras persiguen un buen propósito cuando se nos llama a tomar la decisión del apóstol Pablo: «Yo no me dejaré dominar por ninguna» (1 Corintios 6:12).

Quizá parezca una conferencia sobre las drogas para niños de quinto grado, pero enséñales a tus hijos a decirles «no» a las drogas y al alcohol. No solo son ilegales para los menores de edad, sino que las drogas y el alcohol producen muchos efectos degradantes y pecaminosos. Si como padre decides ejercer tu libertad para tomar alcohol, solo te recuerdo que las bebidas alcohólicas disponibles en la actualidad son mucho más potentes que el vino del que habla la Biblia. Así que ten cuidado. Limítate. Asegúrate de no cruzar la línea y violar la Palabra de Dios por estar «bajo la influencia» de un químico.

COSAS DE LOS ADOLESCENTES

Permíteme una vez más abordar brevemente algunas situaciones que de seguro encontrarás y un par de decisiones que te verás obligado a tomar durante estos últimos años de la crianza de tu hijo.

Los teléfonos móviles

Tu adolescente querrá un teléfono. Tu niño de escuela primaria querrá un teléfono. Si logras posponerlo hasta los años de la adolescencia, eres la excepción. Cada padre necesita determinar cuándo se le concederá este privilegio y si lo hará. Casi todos los padres se lo conceden, al menos cuando entra a la adolescencia. Sin embargo, tener un teléfono móvil siempre debe venir acompañado de disposiciones y condiciones. Estos teléfonos, como de seguro sabes, pueden ser la fuente de toda clase de pecados y problemas para tu hijo. Tienes que conocer cada contraseña, y el teléfono tiene que estar accesible para mamá y papá.

Se debe acordar que todos los textos, aplicaciones, fotos y cualquier comunicación a través del teléfono están disponibles para que los veas tú. Como se señaló en el capítulo 8, no vale la pena que por la «privacidad» de tu hijo se corra el riesgo a que se enganche con la pornografía, ni que le permitas que participe en el sexteo ni en la creación de una huella digital inapropiada que puede seguirlo durante muchos años. Si sospechas que está llevando a cabo alguna actividad impía con el teléfono, limita cuándo y dónde puede usarlo. Si hay incumplimientos en tus estándares para el uso del teléfono, siempre se lo puedes quitar.

El trabajo a tiempo parcial

Trabajar a tiempo parcial durante el instituto puede ser una gran introducción al «mundo real» de los impuestos, los cheques de pago y el trato con los jefes. Recomiendo mucho que busques la manera de que tenga un trabajo a tiempo parcial mientras esté en el instituto, incluso si su horario está tan lleno que solo puede ser un trabajo de corta duración durante las vacaciones de Navidad o de verano. Incluso de esa manera, si puede aprender a ser diligente, rendir cuentas, ser puntual y responsable en un lugar que le da un salario, aprenderá algo que un aula o una clase de los padres no pueden enseñarle. También tendrás la oportunidad de prepararlo a través de las lecciones indispensables que se encuentran en pasajes clave como este:

> Esclavos, obedezcan en todo a sus amos terrenales, no solo cuando ellos los estén mirando, como si ustedes quisieran ganarse el favor humano, sino con integridad de corazón y por respeto al Señor. Hagan lo que hagan, trabajen de buena gana, como para el Señor y no como para nadie en este mundo, conscientes de que el Señor los recompensará con la herencia. Ustedes sirven a Cristo el Señor. (Colosenses 3:22-24, NVI®)

Lo ideal es que el trabajo sea en la escuela o lo bastante cerca de la casa como para que pueda ir en bicicleta, o incluso caminando, hasta el centro de trabajo. Evita que conduzca un auto a menos que (1) no sea demasiado agresivo ni impulsivo como para conducir con seguridad, (2) haya demostrado ser responsable en otros aspectos de la vida y (3) califique para obtener una licencia de conducir. Tener licencia puede ser un buen paso en la creciente independencia de un joven.

LA HORA DE VOLVER A CASA

Cada adolescente necesita una hora para volver a casa. Incluso con toda la tecnología que nos permite llamar, textear o rastrear de forma digital los movimientos de nuestros hijos en la ciudad, es esencial que tengan una hora límite para llegar a casa en las noches. Los requerimientos del sentido común como una hora razonable para estar en casa durante las noches de escuela, un plan claro sobre dónde estará y con quién estará, nunca deben ser negociables.

Si tu hijo obtiene la licencia de conducción y demuestra ser digno de confianza manteniendo un récord fiel de llegar a casa a la hora acordada, tal vez puedas empezar a acostarte antes de que llegue. En mi casa, el sistema de seguridad siempre registraba la hora a la que llegaba mi hijo (que estaba accesible para que todos pudieran verla). No obstante, fue difícil para mi esposa, como me imagino que es para todas las madres, seguirme y confiarle nuestro responsable hijo al cuidado del Señor mientras nos íbamos a dormir.

Si está a punto de terminar el instituto, recuerda que solo faltan unos meses para que lo envíes a la universidad, y quedarte despierto para «asegurarte de que llegue a casa» será una imposibilidad. La creciente independencia de tu hijo necesitará coincidir con tu confianza creciente en la capacidad de Dios para guardarlo y cuidarlo todos los días de su vida.

CONFÍA EN DIOS Y ACUDE A ÉL POR AYUDA

Sin importar los obstáculos ni las limitaciones, sin importar cuán inepto ni lo poco capacitado que te puedas sentir para afrontar la tarea de la crianza, ya sea que tengas toda clase de comodidades en tu casa o que estés pasando por necesidades, el éxito *definitivo* de ver a tu hijo convertirse en un hombre piadoso depende de Dios. Así que confía en Él. Si algo está muy claro en la Biblia es la verdad de que Dios es la clave para la victoria en cualquier misión. Recuerda las sabias palabras de Salomón:

> Si el Señor no edifica la casa, en vano trabajan los que la edifican [...] He aquí, don del Señor son los hijos; y recompensa es el fruto del vientre. Como flechas en la mano del guerrero, así son los hijos tenidos en la juventud. Bienaventurado el hombre que de ellos tiene llena su aljaba; no será avergonzado cuando hable con sus enemigos en la puerta. (Salmo 127:1-5)

Hay muchas cosas tontas e intrascendentes que las personas le piden a Dios. Sin embargo, pocas cosas son más importantes para el Señor que la crianza de hombres (y mujeres) piadosos. Debido a que Dios es la clave, ¡la oración es indispensable! Nuestros esfuerzos como padres tienen que estar cargados y saturados de nuestras oraciones sinceras. Sin duda, estas oraciones por la conversión, santificación, madurez, sabiduría y productividad de nuestros hijos se elevarán a Dios como peticiones muy cercanas y queridas para su corazón. Ora con fe y trabaja con sabiduría.

Mi oración es para que Dios despliegue delante de tus ojos lo que esta generación necesita con urgencia: otro hombre de Dios.

NOTAS

Introducción

1. Chase Strangio, «What Is a Male Body?», 19 de julio de 2016, http://www.slate.com/blogs/outward/2016/07/19/there_is_no_such_thing_as_a_male_body.html.
2. *Ibidem*.

Capítulo 1: Visualiza cada día el futuro hombre

1. Jonathan V. Last, *What to Expect When No One's Expecting: America's Coming Demographic Disaster*, Encounter Books, Nueva York, 2013. también informa (página 2) que las mascotas en Estados Unidos superan en número a los niños «por más de cuatro a uno».
2. El llamado a tener hijos se les reitera a los pobladores de la Tierra Prometida en Deuteronomio 28:4, e incluso se parafrasea para los exiliados de la tierra (Jeremías 29:6). Lee también las palabras de Dios a Jacob en Génesis 35:11.
3. David M. Hoffeditz, «They Were Single Too», *DTS Magazine*, 1 de junio de 2015; www. http://www.dts.edu/read/they-were-single-too-a-sampling-of-8-bible-characters/.
4. John Stott, «John Stott on Singleness», *Christianity Today*, 17 de agosto de 2011; http://www.christianitytoday.com/ct/2011/augustweb-only/johnstottsingleness.html.

Capítulo 2: Establece su trayectoria espiritual

1. J.C. Ryle, *The Duties of Parents*, reimpresión, sin lugar, J.C. Ryle Books, 2010, p. 18. Disponible en Amazon.com.
2. John Newton, «Sublime gracia», Himnos de Fe y Alabanza, Zondervan Publishing House, 1966, #9.

Capítulo 3: Un hogar que forja hombres piadosos

1. «Marriage: America's Greatest Weapon against Poverty», *Heritage Foundation: Special Report from Domestic Policy Studies Department*, N.° 117, 5 de septiembre de 2012.
2. *Ibidem*.
3. Por ejemplo, puedes aprovechar los recursos útiles en el sitio web de *The Council on Biblical Manhood and Womanhood* en www.cbmw.org.

4. Consulta a James Dobson, *Cómo criar a los varones*, Editorial Unilit, Miami, FL, 2002, pp. 235-256.

5. Norman Grubb, *C.T. Studd: Cricketer and Pioneer*, Lutterworth Press, Cambridge, Inglaterra, 1933; reimpresión de CLC Publications, Fort Washington, PA, 2008, p. 31.

Capítulo 4: Frena la rebelión de su corazón pecaminoso

1. El profesor Robert E. Larzelere, del departamento del desarrollo humano y ciencias de la familia en la Universidad Estatal de Oklahoma, revisó varios estudios científicos sobre la disciplina física; consulta Robert E. Larzelere, «There Is No Sound Scientific Evidence to Support Anti-Spanking Bans», abril de 2007, en http://humansciences.okstate. edu/facultystaff/Larzelere/nztabconts.47.pdf. Otros estudios no son concluyentes: Carl Bialik, «New Research on Spanking Might Need a Time Out», *The Wall Street Journal*, 14 de octubre de 2009; y Laura Sanders, «The Debate over Spanking Is Short on Science, high on emotion», revista *ScienceNews*, 24 de septiembre de 2014, https://www. sciencenews.org/blog/growthcurve/debate-over-spanking-short-science-high-emotion.

2. «Welfare and Institution Code» (Division 2. Children, Part 1. Article 6), «Dependent Children», sec. 6, «California Legislative Information, http://leginfo.legislature.ca.gov/faces/codes_displaySection. xhtml?lawCode=WIC&sectionNum=300.

Capítulo 5: Hazlo sudar todos los días

1. Ten en cuenta los hallazgos de los estudios sociológicos bien documentados que se encuentran en Paul Nathanson y Katherine K. Young, *Spreading Misandry: The Teaching of Contempt for Men in Popular Culture*, McGill-Queen's University Press, Montreal, 2006; y Christina Hoff Sommers, *The War Against Boys: How Misguided Policies Are Harming Our Young Men*, Simon & Schuster, Nueva York, 2015.

2. Consulta James C. Dobson, «Los hombres son unos tontos» y «Los varones en la escuela», en *Cómo criar a los varones*, Editorial Unilit, Miami, FL, 2002, capítulos 12 y 13.

3. «Family Christian Introduces New Protective Christian Bubble for Children», 23 de agosto de 2016; http://babylonbee.com/news/family-christian-introduces-new-protective-christian-bubble-children/.

4. Michael Ungar, «Psychologist: Stop Bubble-Wrapping Your Kids!», 17 de septiembre de 2014; http://www.alternet.org/culture/psychologist-stop-bubble-wrapping-your-kids-how-overprotection-leads-psychological-damage.

5. Albert Mohler, *Culture Shift*, Multnomah, Colorado Springs, 2011, capítulo 10.

6. http://www.ncaa.org/about/resources/research/probability-competing-beyond-high-school.

7. Jim Reiner, «What You Need to Know about MLB Tryouts—Part 6»; http://www.ultimate-baseball-field-renovation-guide.com/mlb-tryout-what-you-need-to-know.html.

8. «Childhood Obesity Facts», Centros para el Control y Prevención de Enfermedades, https://www.cdc. gov/healthyschools/obesity/facts.htm.

Capítulo 8: La crianza de hombres en un mundo donde la mitad son mujeres

1. Consulta, por ejemplo, *Habla claro con tus hijos sobre el sexo*, de Josh McDowell, Editorial Unilit, Miami, FL, 2013. También puedes consultar los recursos de internet en Enfoque a la Familia; http://www.focusonthefamily.com/parenting/sexuality/talking-about-sex.

Capítulo 10: La diversión y los juegos de un hombre justo

1. Para ejemplos de adultos jóvenes desempleados o subempleados con tiempo libre, consulta Kirsten Grind, «Can You Spare a Room?», *The Wall Street Journal*, 3 de mayo de 2013; Kate Ashford, «Parents: Your College Grads Expect You to Support Them Post-College», *Forbes*, 20 de mayo de 2015; y Adam Davidson, «It's Official: The Boomerang Kids Won't Leave», *The New York Times Magazine*, 20 de junio de 2014, en www.nytimes.com/2014/06/22/magazine/its-official-the-boomerang-kids-won't-leave.htmlwww.forbes.com/sites/kateashford/2015 /05/20/post-grad-support2014.

2. Por supuesto, muchos de estos hijos están desempleados o subempleados, no por falta de intentos. La economía de mercado en general o en el campo en que están capacitados puede tener menos vacantes de trabajo u otras con mejores credenciales para el empleo en un mercado limitado. Sin embargo, hay formas en que nosotros, como padres, podemos prepararlos para que si vuelven a casa por una temporada, puedan usar su tiempo de forma productiva y no convertirse en vagabundos de dormitorio o sala de juegos.

3. William Williams, *Charles Haddon Spurgeon: Personal Reminiscences*, revisado y editado por M. Williams, Religious Tract Society, Londres, 1933, p. 24.

4. Katy Koonz, «Taming Toy Overload», *Parenting*, sin fecha, www.parenting.com/article/taming-toy-overload. Consulta también a Jonathan Leake y Tom Robbins, «Children Play Less the More Toys They Get», 21 de febrero de 2010, en http://rense.com/general8/yots.htm.

5. A.W. Tozer, compilado por James L. Snyder, *Tozer on Worship and Entertainment*, WingSpread, Camp Hill, PA, 1997, pp. 117–18.

6. Katherine Martinko, «Children Spend Less Time Outside Than Prison Inmates», 25 de marzo de 2016; www.treehugger.com/culture/children-spend-less-time-outside-prison-inmates.html.

7. Katy Winter, «Children Today Would Rather Read, Do Chores or Even Do Homework Than Play Outside», *The Daily Mail* [Londres], 11 de abril de 2013; www.dailymail.co.uk/female/article-2307431/Children-today-read-chores-HOMEWORK-play-outside.html.

Capítulo 11: Sabiduría para atravesar los años de la adolescencia

1. Robert Epstein, *The Case against Adolescence: Rediscovering the Adult in Every Teen*, Quill Driver Books, Fresno, CA, 2007.